BEI GRIN MA(
WISSEN BEZ,

- Wir veröffentlichen Ihre Hausarbeit,
  Bachelor- und Masterarbeit

- Ihr eigenes eBook und Buch -
  weltweit in allen wichtigen Shops

- Verdienen Sie an jedem Verkauf

Jetzt bei www.GRIN.com hochladen
und kostenlos publizieren

Zur Logik der institutionellen Diskriminierung. Polizei und Schule im Vergleich

Jakob Nieder

Bibliografische Information der Deutschen Nationalbibliothek:

Die Deutsche Nationalbibliothek verzeichnet diese Publikation in der Deutschen Nationalbibliografie; detaillierte bibliografische Daten sind im Internet über http://dnb.d-nb.de abrufbar.

ISBN: 9783346876690
Dieses Buch ist auch als E-Book erhältlich.

© GRIN Publishing GmbH
Trappentreustraße 1
80339 München

Druck und Bindung: Books on Demand GmbH, Norderstedt Germany
Gedruckt auf säurefreiem Papier aus verantwortungsvollen Quellen

Das Buch bei GRIN: https://www.grin.com/document/1359239

Universität Bielefeld

Fakultät für Erziehungswissenschaft

Bachelorarbeit Bildungswissenschaften

Zur Logik der Institutionellen Diskriminierung
–
Polizei und Schule im Vergleich

Jakob Nieder

Abgabedatum: 22.07.2022

Inhaltsverzeichnis

1. Einleitung

„Deutschland ist und bleibt das Land in Europa mit der stärksten Zuwanderung" (Marschke & Brinkmann 2015, S. 11). Etwa die Hälfte der in Deutschland geborenen Kinder hat zu Beginn unseres Jahrzehnts einen teilweisen oder vollständigen ‚Migrationshintergrund'[1] (vgl. Beauftragte 2005, S. 160 u. S. 561 zit. n. Marschke & Brinkmann 2015, S. 11). Ein diskriminierungsfreier Umgang sowie herkunftsunabhängige Chancengleichheit, sollten gerade unter diesen demografischen Verhältnissen großgeschrieben und umgesetzt werden. Für den schulischen Bereich belegen Studien (z.B. IGLU u. PISA) jedoch, dass in Deutschland ein besonders stark ausgeprägter Zusammenhang zwischen sozialer Herkunft und Bildungserfolg besteht (vgl. Hußmann et al. 2017, S. 197). Die Institution Polizei gerät immer wieder durch rechtsextreme Chatgruppen[2] (vgl. u.a. Derin & Singelnstein 2022, S. 197), Racial Profiling (vgl. ebd. S. 178-184) und vieles mehr in den Fokus rassismuskritischer Debatten und muss sich somit Diskriminierungsvorwürfen stellen. Spätestens seit dem Tod von George Floyd in Minnesota und der damit auch in Deutschland einhergehenden Solidarität mit der Black Lives Matter-Bewegung, sind diskriminierungsrelevante Themen in aller Munde: „Es wird so viel über Rassismus in allen Bereichen und Kontexten gesprochen wie nie – von Betroffenen, Aktivistinnen und Initiativen" (El-Mafaalani 2021, S. 7). So ist positiv zu erwähnen, dass die Thematik auch in den (Massen-)Medien Anklang findet, wobei das Niveau und die Sachlichkeit stark differieren können: Vor allem muss an dieser Stelle das Fehlen von Betroffenenperspektiven bzw. das fehlende Einbinden Betroffener als Expert:innen kritisiert werden[3]. Durch die Medien sowie Sprecher:innen der Institutionen entsteht oft der Eindruck, dass diskriminierende Ereignisse lediglich Einzelfälle seien und die Mitglieder der Institutionen eben auch nur einen ‚Spiegel der Gesellschaft' darstellen (vgl. Derin & Singelnstein 2022, S. 107 -110). Dieser Ansatz verfehlt jedoch den Interventionspunkt von institutioneller

---

[1] Zur Problematik des Begriffs ‚Menschen mit Migrationshintergrund' siehe Kapitel 2.2. „Aufgrund der Ermangelung einer allseits anerkannten Alternative und in Übereinstimmung mit der amtlichen Statistik" (Brinkmann in Marschke & Brinkmann 2015, S. 15) wird der Begriff in dieser Arbeit teilweise trotzdem genutzt, zumindest wenn Bücher oder Statistiken zitiert werden, in denen dieser verwendet wird.
[2] Als jüngstes Ereignis können hier die laufenden Ermittlungen gegen acht Beamte des Spezialeinsatzkommandos der Polizei Münster genannt werden, welche in den Medien am 15.07.2022 bekannt wurden (vgl. u.a. Zeit 2022).
[3] Als Paradebeispiel dafür lässt sich die vom WDR ausgestrahlte Sendung *Die Letzte Instanz - zur Notwendigkeit der Abschaffung der ‚Zigeunersauce'* anführen, die nicht nur in den sozialen Netzwerken viel Shitstorm kassierte (vgl. u.a. Welt am Sonntag 2021)

Diskriminierung, bei dem nicht das Individuum und sein Vorurteil im Fokus stehen sollte, sondern die Organisation, die diskriminiert (vgl. Gomolla & Radtke 2009, S. 46). „Wenn Diskriminierung regelhaft in bestimmten Organisationen, Sektoren oder Branchen auftritt, wird das als institutionelle Diskriminierung bezeichnet" (El-Mafaalani 2021, S.71). Diese Diskriminierungsform ist jedoch oft weniger offensichtlich, sie kann sogar im Handeln wohlmeinender Akteur:innen auftreten und ist somit schwieriger zu analysieren und aufzudecken (vgl. Gomolla in Scherr, El-Mafaalani & Yüksel 2017, S. 134).

Um die Mechanismen und Wirkungsweisen hinter institutioneller Diskriminierung zu verstehen, wird diese zunächst in Abgrenzung zu anderen Formen von Diskriminierung definiert. Am Begriff ‚Menschen mit Migrationshintergrund' soll die Macht der Sprache im Hinblick auf gesamtgesellschaftliche Denk- und Handlungsmuster skizziert werden, um anschließend die Institutionen Polizei und Schule vorzustellen: Hier werden neben dem organisatorischen Aufbau auch rechtliche Rahmenbedingungen, Ermessensspielräume, die institutionelle Zusammensetzung und Lebenswelt sowie die damit verbundenen Normalitätserwartungen beleuchtet. Darauf aufbauend wird aufseiten der Schule die Studie „Institutionelle Diskriminierung" (Gomolla & Radtke) mit dem Forschungsprojekt „KORSIT" (Hunold, Brauer & Dangelmaier) aufseiten der Polizei anhand ausgewählter Vergleichsmaßstäbe analysiert. Hier soll gezeigt werden, wie die Auslegungen der bewusst weit gefassten Ermessensspielräume, welche durch das institutionelle Wissen und die Normalitätserwartungen der Beamt:innen geprägt sind, zur (Re-) Produktion von Ungleichheit beitragen (vgl. Fassin in Loick 2018, S. 135-165).

2. Definition Diskriminierung

Vermutlich haben die meisten Menschen, wenn sie den Begriff Diskriminierung hören, gewisse Bilder im Kopf: Kahlrasierte Nazis im Osten Deutschlands, Fußballfans die Affenlaute von sich geben, während ein Spieler of Color am Ball ist, oder aber die durch Stern TV prominent gewordene Aussage ‚Raus mit die Viecher' der mittlerweile verstorbenen Karin Ritter (vgl. u.a. Welt am Sonntag 2021). Dies liegt mit daran, dass in den Medien „hauptsächlich über die *direktesten* und *offensichtlichsten* Erscheinungsformen von Diskriminierung berichtet [wird]; die Aufmerksamkeit gilt i.d.R. einzelnen Täter:innen oder kleineren, klar identifizierbaren Gruppen (z.B. rechtsextremistische Gruppierungen)" (Gomolla in Mecheril 2016, S. 74). „Besonders schwache Persönlichkeiten mit geringem Bildungsabschluss sind dafür empfänglich, den Frust über die eigene (negativ perzipierte) Situation oder sogar über das eigene Versagen in Form von Aggressionen auf Ersatzobjekte abzulenken" (Brinkmann in Marschke & Brinkmann 2015, S. 21 n. Bergmann 2009a, S. 8 f.).

So bieten sich ‚Personen mit Migrationshintergrund' als Kombination aus einerseits Konkurrenten (um Arbeitsplätze, Wohnraum, Sozialleistungen) und andererseits als Minderheiten im ‚eigenen' Land als optimaler Sündenbock an, auf den Probleme abgewälzt werden können (vgl. ebd.). Nach diesem Sündenbock-Prinzip sind Sätze wie ‚die nehmen uns unsere Arbeit weg' oder Forderungen nach ‚Kindergartenplätzen zuerst für Deutsche' in Teilen der Gesellschaft weit verbreitet und werden durch AFD, Bildzeitung etc. befeuert: „Die Diskriminierung bestimmter Teilgruppen in den bzw. durch die *Medien* ist mehrfach belegt, insbesondere im Hinblick auf die selektive – nämlich negative – Darstellung sowie die sprachliche und bildliche Darstellung" (El-Mafaalani in Scherr et al. 2017, S. 472). Erfahrungen mit Diskriminierung machen jedoch nicht nur ‚Personen mit Migrationshintergrund'. Es gibt eine Reihe von Eigenschaften und Lebenssituationen, die Diskriminierung verursachen können (vgl. Gomolla in Mecheril 2016, S. 73): „Beispielsweise werden im deutschen Allgemeinen Gleichbehandlungsgesetz (AGG) »Benachteiligungen aus Gründen der Rasse (sic!) oder wegen der ethnischen Herkunft, des Geschlechts, der Religion oder Weltanschauung, einer Behinderung, des Alters oder der sexuellen Identität« geahndet" (AGG, § 1, Bundesministerium der Justiz 2006, zit. n. Gomolla in Mecheril 2016, 73).

Schlägt man im Duden das Verb „diskriminieren" nach, findet man folgende 3 Einträge:

1. durch [unzutreffende] Äußerungen, Behauptungen in der Öffentlichkeit jemandes Ansehen, Ruf schaden; jemanden, etwas herabwürdigen
2. (durch unterschiedliche Behandlung) benachteiligen, zurücksetzen; (durch Nähren von Vorurteilen) verächtlich machen
3. Unterscheiden (www.Duden.de n.d.)

Auch hier wird mit Vorurteilen, Behauptungen oder unzutreffenden Äußerungen argumentiert. In Punkt zwei und drei werden jedoch weitere wichtige Aspekte in Bezug auf Diskriminierung herausgestellt: *Unterscheiden* und *Benachteiligen*. „Mit dem Begriff »Diskriminierung« verbindet sich das Zusammenfallen von Unterscheidung und Bewertung bzw. Abwertung derjenigen, die von einer imaginierten Mehrheit unterschieden werden" (Hormel & Scherr 2010 zit. n. Hummrich in Scherr et al. 2017, S. 337). Mechtild Gomolla definiert Diskriminierung wie folgt:

> Diskriminieren meint mehr als das Unterscheiden von Objekten. Als soziale Diskriminierung werden Praktiken der Herabsetzung, Benachteiligung und Ausgrenzung bezeichnet, die gegen Angehörige bestimmter Gruppen bzw. Gruppen gerichtet sind. Dadurch werden Vorteile und Privilegien dominanter Gruppen und ihrer Mitglieder beim Zugang zu gesellschaftlichen Positionen und Möglichkeiten in der Gestaltung von Lebensbedingungen geschaffen, erhalten oder verstärkt (Gomolla in Mecheril 2016, S. 73).

Der Interessentheorie nach H. Blumer, R. Williams, D. Wellmann u.v.m. zufolge, liegt die Motivation in der Diskriminierung nicht in Vorurteilen, sondern in dem rational nachvollziehbaren Wunsch, eigene Privilegien und Macht zu schützen (vgl. Gomolla & Radtke 2009, S. 41). So geht die Geschichte des Rassismus auf die kolonialen Eroberungen zurück, denn eine defizitäre Positionierung nicht europäischer und ‚nicht weißer Anderer' gehört zu ihrer historischen Grundstruktur (vgl. Messerschmidt in Gomolla, Kollender & Menk 2018, S. 90 f.). „Rasse sei eine soziale Konstruktion und Vorurteile seien nicht die Ursache für rassistisches Verhalten, sie stellten vielmehr eine nachträgliche Rationalisierung rassistischer Taten und Verhaltensweisen dar, sie seien eine Maskierung und dienten dem Schutz der Interessen der dominanten Gruppe" (H. Blumer zit. n. Gomolla & Radtke 2009, S. 41). Noch nachdrücklicher formuliert dies Sow in ihrem Buch *Deutschland Schwarz Weiss* über alltäglichen Rassismus: „ »Die Rasse«- Idee ist aufs Engste mit dem weißen Bedürfnis verbunden, sich einen »anderen« zu schaffen – eine Projektionsfläche für alles Böse, Unheimliche, Verbotene oder Begehrte" (Sow 2008, S. 73).

Bereits im Jahr 1954 argumentierte G. Allport, dass Rassismus eine Art Mischung aus psychologischen Spannungen und Ängsten sei sowie aus Fehlurteilen über Andere resultiere (vgl. Gomolla & Radtke 2009, S. 38). In der heutigen Zeit ruft beispielsweise „das Gerücht der Islamisierung des Abendlandes" (Foroutan in Castro Varela & Mecheril 2016, S. 98) die genannten Ängste und Spannungen hervor. Daher treten diskriminierende Denk- und Verhaltensweisen nicht nur dort auf, wo man sie vermutet, sondern sind in der Mitte der Gesellschaft und somit auch in staatlichen Institutionen weit verbreitet. Alltagsrassismus existiert nahezu überall, z.B. wenn Geflüchtete als ‚kulturell fremd' und ‚bedrohlich' angesehen werden (vgl. Messerschmidt in Gomolla et al. 2018, S. 80) oder im gängigen Sprachgebrauch, sowohl im privaten, öffentlichen als auch medialen Raum, wenn eine Assoziation mit den Begriffen ‚defizitär, unemanzipiert und rückständig' stattfindet. Durch die anfangs genannte Verortung diskriminierender und rassistischer Verhaltensweisen (lediglich) im rechten Spektrum, könnte man sogar konstatieren, dass Rechtsextreme eine Funktion für die Mitte der Gesellschaft einnehmen: „Wenn nationalistische und rassistische Denkweisen und Strukturen unter dem Gesichtspunkt „rechtsextrem" betrachtet werden, kommt es kaum zu einer Auseinandersetzung mit Alltagsrassismus und normalisierten institutionellen Diskriminierungen" (ebd. S. 81). Um die vielfältigen Formen von Diskriminierung aufzeigen zu können, haben Feagin und Booher Feagin (1986) vier verschiedene Typen diskriminierenden Verhaltens nach unterschiedlichen Graden der Intentionalität und Einbettung in Organisationen definiert (vgl. Gomolla & Radtke 2009, S. 48):

Typ A: Diskriminierung als intentionale Einzelhandlung
Übergriffe Einzelner, die entweder im privaten Raum oder in öffentlicher face-to-face Kommunikation mit rassistischer oder sexistischer Intention stattfinden. Sie beruhen auf Vorurteilen oder negativer Absicht (vgl. Feagin & Booher-Feagin zit. n. Gomolla & Radtke 2009, S. 49).

Typ B: Diskriminierung durch kleine Gruppen
„Absichtsvolle Diskriminierung durch kleine informelle oder formalisierte Gruppen , die jedoch nicht in großflächige soziale Organisationen eingebunden sind. (z.B. von mehreren Personen ausgeübte fremdenfeindlich motivierte Brandanschläge auf Asylunterkünfte oder Überfälle auf Ausländerinnen oder Obdachlose" (ebd.).

Typ C: Direkte institutionalisierte Diskriminierung

„Handlungen, die im organisatorischen oder lokalen Handlungskontext möglich oder vorgeschrieben sind und negative Wirkung für Mitglieder bestimmter Gruppen haben" (Feagin & Booher Feagin 1986 S. 30-31, zit. n. Gomolla & Radtke 2009, S. 49). Solche Übergriffe erfolgen kontinuierlich und nicht nur in bestimmten Phasen oder vereinzelt. Unter Anwendung des ‚Inländerprivilegs' geschieht dies beispielsweise bei der Arbeitsvermittlung in Deutschland regelmäßig. Diese Form von Diskriminierung kann sowohl durch informelle Methoden in der Organisation, welche durch abgesicherte Gewohnheiten wie ‚ungeschriebene Gesetze' gelten als auch durch höchst formelle behördlich-gesetzliche -Regularien unterlegt werden (vgl. Gomolla & Radtke, S.49).

Typ D: Indirekte institutionalisierte Diskriminierung

Die Gewohnheiten besitzen ebenfalls differenzierende und schädliche Auswirkungen, etwa für ethnische Minderheiten und Frauen, dabei werden die organisatorisch verfügten Normen und Vorgehensweisen ohne direkte Vorurteile oder negative Absichten installiert und durchgeführt (vgl. ebd. S. 50). Schaut man nicht genauer hin, könn(t)en diese Praktiken auf den ersten Blick durchaus angemessen, neutral und gerecht intendiert sein (vgl. Feagin & Booher Feagin 1986, S. 31-33 n. Gomolla & Radtke 2009, S. 50.).

2.1. Institutionelle Diskriminierung

Während also wie bereits erörtert, die meisten Menschen eher Typ A und B nach Feagin und Booher Feagin vor Augen haben, wenn es um Diskriminierung geht, wird sich diese Arbeit hauptsächlich mit den Formen der institutionellen Diskriminierung, also Typ C und D beschäftigen. „Der Interventionspunkt ist nicht länger das Individuum und sein Vorurteil, sondern die Organisation, die diskriminiert" (Gomolla & Radtke 2009, S. 46). Einen entscheidenden Beitrag, um institutionelle Diskriminierung zu analysieren lieferte Alvarez (1979) mit seinem Ansatz der „Distributionale[n] Ungerechtigkeit". Demnach brauche man: „(1) De[n] statistische[n] Nachweis von *Effekten* der Ungleichbehandlung spezifischer Gruppen in sozialen Institutionen; (2) gelte es die *Mechanismen* (Strukturen, Regeln und Praktiken) sichtbar zu machen, die diese Effekte hervorbringen" (ebd. S. 47). Dabei geht es ihm nicht um eine Kritik institutioneller Verteilungsaktivität und sozialer Ungleichheit an sich, vielmehr sei sichtbar zu machen, *wie* die

Verteilungsprozesse in denen manche weniger bekommen als andere, in institutionellen Arrangements so mit Sinn ausgestattet werden, dass sie sowohl von Entscheidern als auch von Betroffenen als angemessen und fair empfunden werden (vgl. ebd.).

> Das zentrale theoretische Moment liegt in der Annahme, dass Mechanismen institutioneller Diskriminierung unabhängig von individuellen Vorurteilen oder negativen Absichten operieren und aufrechterhalten werden können; sie lassen sich auch nicht primär als Summe diskriminierender Einstellungen und Handlungen vorurteilsbehafteter Individuen erklären (Gomolla in Scherr et al. 2017, S. 134).

Über diese Erkenntnis hinaus konstatiert Gomolla, dass institutionelle Diskriminierung „sogar im Handeln wohlmeinender Akteure zustande kommen" (ebd.) kann.[4] Dies macht deutlich, dass die Entstehungs- und Wirkungsformen institutioneller Diskriminierung deutlich komplexer sind, als die der direkten Diskriminierung, „weil die aus ihr resultierenden Benachteiligungen zum Teil von den diskriminierenden Personen nicht mutwillig ausgehen bzw. nicht intendiert sind" (Gomolla & Radtke 2007, S. 25 zit. n. Fereidooni 2011, S. 23). Bekannte Abwehrhaltungen von Institutionen wie z.B. ‚Rassismus bei der Polizei gibt es nicht' oder das Label ‚Schule ohne Rassismus' verfehlen also zumeist den Kritikpunkt (vgl. El-Mafaalani 2021, S. 106). Messerschmidt betrachtet die starke Zurückweisung und Tabuisierung von Diskriminierung „als Folge des »Wunsches unschuldig zu sein«, den Christian Schneider in der zweiten Generation nach 1945 diagnostiziert [hat]" (Schneider, 2010, S. 122 zit. n. Messerschmidt in Gomolla et al. 2018, S. 88). Durch diese in Institutionen gängige Abwehrhaltung[5], wird die Chance auf eine rassismuskritische Umorientierung nicht wahrgenommen; stattdessen werden weiterhin unreflektierte Selbstbilder gepflegt (vgl. Messerschmidt in Gomolla 2018, S. 88). Auch deshalb sind Mechanismen institutioneller Diskriminierung noch wenig untersucht. Die empirische Forschung steckt (zumindest in Deutschland) noch in den Anfängen (vgl. Gomolla in Scherr et al. 2017, S. 135).

---

[4] Beispielsweise, wenn Deutsche (!) Schüler:innen of Color immer wieder von Lehrkräften nach ihrer Herkunft gefragt werden. Die Frage kann von den (vermutlich) Deutsch ‚einheimischen' Lehrkräften durchaus mit Interesse am Gegenüber verbunden sein, jedoch wird für die Befragten ihre vermeintliche Andersartigkeit angesprochen und somit auch ihr Deutschsein in Frage gestellt.

[5] So sieht Horst Seehofer – um ein prominentes Beispiel zu nennen – eine von der Europäischen Kommission gegen Rassismus und Intoleranz (ECRI) empfohlene Studie über Racial Profiling in Deutschland nicht für sinnvoll an. Der damalige Innenminister verweigerte die Studie mit der Argumentation, Racial Profiling sei verboten, also gäbe es dies auch nicht (vgl. Deutsche Welle 2020).

2.2 Exkurs über die Problematik des Begriffs ‚Menschen mit Migrationshintergrund'

> Das Gastarbeiterische konnte man abstreifen, indem man die Leiter der Leistungsgesell-
> schaft hochkletterte. Kletter, kletter, wie es sich für Deutsche gehört, und plötzlich: Ach-
> tung, eine Durchsage für Zwischengeschoss Nummer drei, aufgrund aktueller Vorkomm-
> nisse haben wir den Parcours geändert, willkommen auf der Ebene Migrationshintergrund
> (Sezgin 2006, zit. n. Utlu in Arndt & Ofuatey-Alazard 2011, S. 446).

Die Publizistin Sezgin kritisiert mit dieser Aussage bereits 2006 den Begriff und das da-
hinterstehende Konzept ‚Migrationshintergrund' bzw. ‚Personen mit Migrationshintergrund'. Sie macht damit deutlich, dass es für Angehörige bestimmter Gruppen nicht
möglich ist, das Etikett ‚Migrationshintergrund' abzulegen. Bevor thematisiert wird, inwiefern der Begriff stigmatisierende Auswirkungen für betroffene Gruppen mit sich
bringt, muss betont werden, dass dieser in verschiedenen – durchaus relevanten – Bereichen, etwa in der Schulstatistik oder in wissenschaftlichen Studien, unterschiedlich
definiert ist (vgl. El-Mafaalani in Scherr et al. 2017, S. 470). Durch die unterschiedlichen
Definitionen welche sich etwa bei den PISA-Studien sowie den Untersuchungen des Bun-
desinstituts für Berufsbildung feststellen lassen, ist eine Vergleichbarkeit kaum gewährleistet (vgl. ebd.). Das Statistische Bundesamt (2015) definiert ‚Personen mit Migrationshintergrund' wie folgt:

> Zu den Menschen mit Migrationshintergrund zählen alle Ausländer und eingebürgerte ehe-
> malige Ausländer, alle nach 1949 als Deutsche auf das heutige Gebiet der Bundesrepublik
> Deutschland Zugewanderte, sowie alle in Deutschland als Deutsche Geborene mit zumin-
> dest einem zugewanderten oder als Ausländer in Deutschland geborenen Elternteil (Statis-
> tisches Bundesamt 2015, zit. n. El-Mafaalani in Scherr et al. 2017, S. 468).

Es handelt sich also um ein Label, was zunächst dazu dienen soll, Diskriminierungserfahrungen statistisch erfassen zu können und sichtbar zu machen. Jedoch wirkt dieses Label
für viele Personen stigmatisierend: Menschen setzen sich damit auseinander, wie sie
genannt bzw. angesprochen werden: Diese Anrufungen wirken umso intensiver, wenn
sie mit amtlicher Autorität versehen sind, wie z.B. bei Arbeitslosen, Rentner:innen oder
Student:innen (vgl. Bednaschewsky und Supik in Gomolla et al. 2018, S. 179). „Ein Label
der *natio-ethno-kulturellen Zugehörigkeit* (vgl. Mecheril, 2003) wie „deutsch" sein, oder
einen „Migrationshintergrund" zu haben, ist da noch persönlicher, stärker, scheint we-
sentlicher und dauerhafter mit unserer Identität verknüpft" (Bednaschewsky & Supik in
Gomolla et al. 2018, S. 179). So prägt das Konzept ‚Personen mit Migrationshintergrund'
sowohl das Selbstbild der Betroffenen als auch das Alltagsverständnis der deutschen
Gesellschaft. Laut Bednaschewsky und Supik wird somit einer großen Personengruppe

ihr Deutschsein wieder aberkannt (vgl. ebd. S. 180). Dabei identifizieren sich viele Kinder, deren Eltern (oder Großeltern) nach Deutschland migriert sind, als Deutsche: Sie haben das deutsche Bildungssystem vom Kindergarten bis zur Ausbildung durchlaufen, sind mit den Märchen der Gebrüder Grimm groß geworden und sprechen nicht nur akzentfrei Deutsch, sondern denken und träumen auch in dieser Sprache (vgl. ebd. S. 181). „Dennoch suggeriert ihnen das Label ‚Deutsche mit Migrationshintergrund', dass es ‚echte' und ‚weniger echte' Deutsche gibt. Es führt zu Ungleichbehandlung, konstruiert und verfestigt ein Anderssein und verkennt die Vielfalt unter den Deutschen" (ebd. S. 191).

Neben der Stigmatisierung durch den Begriff für Betroffene, gibt es einen weiteren großen Kritikpunkt: Als ‚Menschen mit Migrationshintergrund' werden hauptsächlich ‚fremd aussehende' Menschen wahrgenommen, so würden beispielsweise Dänen und Franzosen vermutlich eher weniger adressiert, obwohl sie ebenfalls in der Begrifflichkeit eingeschlossen sind (vgl. El-Mafaalani in Scherr et al. 2017, S. 475). Damit wird der Topos unterschiedlicher Grade von ‚kultureller Fremdheit' aufgegriffen, unter dem sich auch erklären lässt, dass manchen Gruppen Bildungsbewusstsein und Schulerfolg bescheinigt wird (vgl. Gomolla & Radtke 2009, S. 255), während andere unter dem Stigma fehlender Anpassungsfähigkeit leiden und benachteiligt werden. So wurde beispielsweise ein „unterschiedliche[r] Bildungserfolg von Schulkindern vietnamesischer Herkunft (sehr erfolgreich) und solchen libanesischer Herkunft (sehr wenig erfolgreich)" (El-Mafaalani 2016, zit. n. El-Mafaalani in Scherr et al. 2017, S. 472) festgestellt. Wie die Beispiele zeigen, wird mit dem Begriff ‚Menschen mit Migrationshintergrund' eine „höchst heterogene Gruppe konstruiert, die außer einer (direkten oder indirekten) Migrationsgeschichte keine weiteren Gemeinsamkeiten hat" (ebd. S. 474). Besonders brisant im Hinblick auf die statistische Erfassung ist zudem, dass sowohl Teilhabechancen als auch das Risiko diskriminiert zu werden unter den ‚Personen mit Migrationshintergrund' sehr unterschiedlich sind. (vgl. ebd.). „Dass bestimmte Menschen mit Migrationshintergrund eine von Diskriminierung besonders bedrohte Gruppe bilden, ist unbestritten" (ebd. S. 475).

Es werden einerseits zum Teil andere Personen erfasst, als gemeint sind. Andererseits bleiben gesellschaftliche Teilgruppen, nämlich insbesondere Deutsche of Color, die von rassistischer Diskriminierung betroffen sind, durch die Definition des Migrationshintergrunds unsichtbar. Für die Bekämpfung von rassistischer Diskriminierung und Benachteiligung auf struktureller und institutioneller Ebene ist das Konzept „Migrationshintergrund" daher kaum geeignet. (Bednaschewsky & Supik in Gomolla et al. 2018, S. 180).

El-Mafaalani plädiert dafür, die Grundlage für die Diskriminierungsforschung zu ändern: Es sollen solche Merkmale in den Fokus zu rücken, welche das Risiko, Opfer von Diskriminierung zu werden erhöhen (vgl. El-Mafaalani in Scherr et al. 2017, S. 473). Auch Bednaschewsky und Supik fordern eine grundsätzliche Überarbeitung des Erfassungskonzepts ‚Deutsche mit Migrationshintergrund': „Eine sehr wichtige Änderung wäre, alle gebürtigen Deutschen unabhängig vom Geburtsort ihrer Eltern(-teile) als Deutsche ohne Migrationshintergrund zu zählen und nicht über ihre Eltern zu definieren" (Bednaschewsky & Supik in Gomolla et al. 2018, S. 191). Zur Erfassung von Rassismus und Diskriminierung empfehlen sie eine freiwillige subjektive Selbstauskunft über Fremdzuschreibung sowie Selbstzuschreibung. Diese sollte stets durch anonymisierte schriftliche Erhebungen stattfinden und niemals in Face-to-Face Befragungen (vgl. Chopin/Farkas/Germaine 2014; Diakonie 2015; ENAR 2014 zit. n. Bednaschewsky & Supik in Gomolla et al. 2018, S. 191).

Anhand des Begriffs ‚Menschen mit Migrationshintergrund' wird beispielhaft der Einfluss von Sprache auf unsere Denk- und Handlungsweisen skizziert. Durch Begriffe wie diesen, finden mit staatlicher Legitimität auf institutioneller sowie ideologischer Ebene (vgl. Bednaschewsky & Supik in Gomolla et al. 2018, S. 190 f.) allgegenwärtig Ausschlüsse und Zuschreibungen statt. Die diskriminierende Wirkung der verwendeten Sprache zeigt sich je nach Begriff mehr oder weniger offensichtlich. Stigmatisierende Beispiele auf institutioneller Ebene finden sich bei der Polizei beispielsweise in dem Wort ‚Nafri'[6] (vgl. El-Mafaalani 2021, S. 80) und in schulischen Kontexten bei der Forderung nach ‚Integration und Inklusion' sowie bei der Zuschreibung von ‚Förderbedarfen'. Die Ausarbeitung hat gezeigt, dass nicht nur im privaten-, sondern insbesondere im institutionellen Raum, Wortschätze immer wieder überdacht und überarbeitet werden sollten, auch in dem Wissen, „[...] dass eine diskriminierungsfreie Sprache kaum möglich ist" (El-Mafaalani 2021, S. 12).

---

[6] Der Begriff ‚Nafri' wurde vor allem im Rahmen der ‚Kölner Silvesternacht' durch Social Media Beiträge der Polizei bekannt und war ursprünglich eine interne Arbeitsbezeichnung für ‚Nordafrikanischer Intensivtäter'(vgl. Derin & Singelnstein 2022, S.184)

3. Die Begründung für einen Vergleich zwischen den Institutionen Polizei und Schule

Institutionelle Diskriminierung wurde schon in diversen Forschungsfeldern untersucht: Neben Polizei und Schule beispielsweise in Banken und Kreditunternehmen, im öffentlichen Dienst, bei der Justiz, auf dem Wohnungsmarkt und vielen mehr (vgl. ebd. S. 72). Ich habe mich für die Institutionen Schule und Polizei entschieden, da sie auf den ersten Blick unterschiedlicher nicht sein könnten, jedoch beim näheren Hinschauen diverse Ähnlichkeiten in Begründungsmustern und Entscheidungspraktiken aufweisen. Beide Institutionen sind stark reguliert und reglementiert, es gibt kaum externe Kontrollen und die Benachteiligung bestimmter Gruppen ist geprägt durch Normalitätserwartungen und bewusst weit gefasste Ermessensspielräume. Darüber hinaus ist man ihnen als Schüler:in und Bürger:in weitgehend ausgeliefert, denn es gibt keine oder zumindest nur geringe Chancen, die Lehrkräfte oder die zuständigen Polizeibeamt:innen zu wechseln oder eigenständig zu wählen (vgl. ebd. S. 77 f.).

> Polizei vereint praktisch alle Risiken (Funktion, Prozess, Personal, Klientel, Rahmenbedingungen) und ist zugleich eine Institution, die zumindest vorübergehend Grundrechte außer Kraft setzen kann, das heißt, sie hat enorme Befugnis und Macht. In der Schule sind Risiken und Grundrechtseinschränkungen wesentlich schwächer ausgeprägt, aber dafür handelt es sich um die wichtigste Instanz für herkunftsunabhängige Lebenschancen (ebd. S. 77).

Wie Hasse und Schmidt ausführen, sind „Organisationen [...] ein Institutionentyp mit erheblichem Diskriminierungspotenzial, weil die Umsetzung formaler Regelungen Spielräume für nicht in der Sache begründete Ungleichbehandlungen eröffnet" (Hasse und Schmidt zit. n. Gomolla in Scherr et al. S. 143). Dies zeigt sich aufseiten der Schule beispielsweise in den Schullaufbahnempfehlungen nach der vierten bzw. sechsten Klasse (vgl. Gomolla und Radtke 2009, S. 229-263) und aufseiten der Institution Polizei im sogenannten Racial Profiling (vgl. u.a. Autor*innenkollektiv der Berliner Kampagne Ban! Racial Profiling in Loick 2018, S. 181-195). Gerade Institutionen, deren Arbeitsprozesse aus Kategorisierung, Bewertung und Ausgrenzung/Selektion bestehen, sind anfällig für diskriminierende Denk- und Handlungsmuster. Dies trifft neben Schule und Polizei auch auf Banken, Gerichte und Ausländerbehörden zu (vgl. El-Mafaalani 2021, S. 75). Weil Institutionen als historisch gewachsene Gebilde für eine gewisse Stabilität stehen und weitgehend am Erhalt des Status quo festhalten, laufen sie Gefahr Herrschaftsverhältnisse aus der Vergangenheit zu reproduzieren (vgl. ebd. S. 73). Die Auswirkungen institutioneller Diskriminierung haben eine deutlich höhere Tragweite, denn sie „prägen den

Lebensalltag, die Lebenschancen und den Lebenslauf eines jeden Menschen" (ebd. S. 73) und strukturieren somit auch die „Teilhabe eines Individuums in der Gesellschaft" (ebd. S. 74). Natürlich wäre es möglich, eine Institution isoliert zu analysieren, jedoch erfahren betroffene Personen marginalisierter Gruppen in den meisten Fällen Diskriminierung von mehr als einer Seite. „Der Begriff der ‚Seiteneffekt'- Diskriminierung betont die Vernetzung unterschiedlicher sozialer Sphären und den inter-institutionellen Charakter von Diskriminierung" (Gomolla & Radtke 2009, S. 50). Von institutioneller Diskriminierung betroffene Personen finden sich teilweise in einem Teufelskreis wieder, in dem sich die ethnische Ausgrenzung sowie ihr sozialer Unterklassenstatus zirkulär verstärken (vgl. ebd. S. 45). Auch wenn Institutionen *nur* in geringen Prozenten diskriminieren würden, könnte dies für Betroffene erhebliche Chancenungleichheit bewirken:

> Denn wenige Prozent im Alltag, wenige Prozent in der Schule, wenige Prozent auf dem Arbeitsmarkt, wenige Prozent auf dem Wohnungsmarkt, wenige Prozent bei Polizei, Verwaltung, vor Gerichten und so weiter summieren sich und führen zu gesamtgesellschaftlichen Legitimationsproblemen und begründen eine besondere Verantwortung des Staates und seiner Institutionen (El-Mafaalani 2021, S. 69).

An diesem Zitat zeigt sich einerseits, dass Diskriminierungsformen keinesfalls zu unterschätzen sind, selbst wenn sie von Entscheidern oder sogar den Betroffenen als gering wahrgenommen werden. Andererseits wird die Verknüpfung verschiedener Institutionen und Bereiche deutlich, die von Außenstehenden bzw. Personen, welche keine Diskriminierungserfahrungen sammeln, leicht unterschätzt werden kann. Besonders anschaulich beschreibt W. Young den Teufelskreis benachteiligter Personen im Folgenden.

> I go tot he employer and ask him to employ Negroes, and he says, "It's a matter of education. I would hire your people if they were educated." Then i go to the educators and they say, "If Negro people lived in good neighbourhoods and had more intelligent dialogue in their families, more encyclopaedias in their homes, more opportunity to travel, and a stronger family life, then we could do a better job of educating them." And when I go to the builder he says, "If they had the money, I would sell them the houses" – and I'm back at the employer's door again, where I started to begin with (W. Young, zit. n. Wieviorka 1995, S. 62 f. zit. n. Gomolla & Radtke 2009, S. 45).

Neben diesem inter-institutionellen Charakter, verstärken auch gewisse Zielvorgaben und Bedürfnisse der Institutionen die vorhandene Diskriminierung: Beispielsweise verfolgen Schulen das Ziel einer möglichst homogenen Klassenzusammensetzung (vgl. Gomolla & Radtke 2009, S. 269) und das Handeln der Polizei wird durch das Thema der Zahl (vgl. Fassin in Loick 2018, S. 148-163), etwa wenn eine gewisse Anzahl an Verkehrsdelikten oder Betäubungsmittelverstößen geahndet werden soll, bestimmt. Durch diese

Zielvorgaben werden soziale Rollenzuschreibungen erst produziert, so lautet z.B. die zentrale These von Cicourel und Kitsuse „daß sowohl die erfolgreiche Schülerin bzw. die erfolglose Schülerin, wie auch jugendliche Kriminelle, zu einem entscheidenden Anteil Konstrukt und Produkt der Organisation, deren Unterscheidungen und der darauf folgenden Entscheidungen seien" (Cicourel und Kitsuse zit. n. Gomolla & Radtke 2009, S. 59).

> Über die Stigmatisierung von Individuen als ‚Integrations- und/oder Leistungsverweige-rer_innen' gelingt es nicht nur, gesellschaftliche Ungleichheitsverhältnisse zu legitimieren, sondern auch die Verantwortung hierfür bei den Individuen zu verorten beziehungsweise ‚die Anderen' zur Rechenschaft zu ziehen, „weil sie genau in der Rolle sind, in welche die gesellschaftliche Verteilung von Chancen sie gestoßen hat (Terkessidis 2004, S. 108; vgl. auch Kollender & Grote 2015 zit. n. Gomolla et al. 2018, S. 15).

Die diskriminierenden Handlungen werden also in einen höheren Kontext gesetzt. Demnach soll es nicht darum gehen aufzuzeigen, *dass* die Institutionen Schule und Polizei diskriminieren. Vielmehr soll verstanden werden, *warum* die Institutionen auf Formen der Diskriminierung zurückgreifen und diese für ihre Ziele und die Herstellung der sozialen Ordnung nutzen. Konkret benötigt die Schule legitimierbar ‚gute' wie ‚schlechte' Schüler:innen, während die Polizei auf legitimierbar ‚verdächtige' sowie ‚nicht verdächtige' Bürger:innen angewiesen ist.

4. Aufbau und Organisation der Institution Polizei

Die Polizei wird in Deutschland mit vielen verschiedenen Tätigkeitsfeldern assoziiert: Verkehrskontrollen, Nachbarschaftsstreitigkeiten, Jagd auf Bankräuber:innen und Terrorist:innen, Begleitungen von Demonstrationen und vielem mehr (vgl. Derin & Singelnstein 2022, S. 19). Laut deutschem Polizeirecht umfasst das Aufgabegebiet der Institution vor allem zwei wesentliche Bereiche, und zwar „die (präventive) Gefahrenabwehr und die (repressive) Strafverfolgung" (ebd. S. 20). Im Rahmen der *Strafverfolgung* arbeitet die Polizei im Alltag mit vielen externen Institutionen und Dienstleistungsorganisationen zusammen, etwa mit dem Ordnungsamt, dem Gesundheitsamt, der Rechtsmedizin oder auch mit Abschleppunternehmen (vgl. ebd. S. 89). In ihrer heutzutage bedeutsameren Aufgabe der sogenannten *Gefahrenabwehr,* in der es präziser formuliert darum geht, *Gefahren für die öffentliche Sicherheit und Ordnung abzuwenden* (vgl. ebd. S. 20), führt sie ihre allgemeinen Aufgaben meist selbst aus. Sie kann jedoch auch hier fachliche Unterstützung in Anspruch nehmen, indem sie etwa für eine Passagierkontrolle am

Flughafen ein privates Sicherheitsunternehmen beauftragt. Als Institution ist die Polizei das staatliche Exekutivorgan der BRD und untersteht den Innenministerien der jeweiligen Länder bzw. des Bundes. Bei der Genehmigung von Versammlungen, Demonstrationen und anderen Großveranstaltungen entscheiden letzten Endes die Verwaltungsgerichte über deren Rechtmäßigkeit. Die Polizei ist hier eng in das System aus demokratischer Gewaltenteilung und gerichtlichem Rechtsschutz eingebunden (vgl. ebd. S. 89 f.). Laut Loick versucht sie jedoch naturgemäß ihre Kompetenzen zu erweitern und rechtliche Einschränkungen loszuwerden, wie sich beispielsweise in den Forderungen von Novellierungen der Landespolizeigesetze zeigt: Mit dem Argument der ‚drohenden Gefahr', werden Kompetenzerweiterungen wie Überwachung der Kommunikation, Vorratsdatenspeicherung, Rasterfahndung, Videoüberwachungen etc. ohne richterlichen Beschluss gefordert[7] (vgl. Loick 2018, S. 11f). Durch die gegenwärtigen gesetzlichen Rahmenbedingungen wird den Polizist:innen als Mitgliedern der Institution ein normativer Rahmen zur Verfügung gestellt, innerhalb dessen sich die Praxis konstituieren und weiterentwickeln kann (vgl. Behr in Scherr 2017, S. 306).

> So bietet die Institution Recht (Strafrecht, Strafprozessrecht) Handlungsmuster an, die sich Polizisten zwar persönlich aneignen, nicht aber ihre Legitimität und Effizienz neu erarbeiten oder begründen müssen. PolizistInnen dürfen bzw. müssen in bestimmten Situationen etwas tun, was sich andere versagen müssen (bzw. dürfen), z.B. Anweisungen geben, belehren, schlagen, einsperren, am Stau vorbei oder über rote Ampeln fahren, Leute anhalten und kontrollieren (ebd.).

Auch wenn sich die Praxis der Polizei somit gesetzlichen Vorgaben unterordnen muss, wird der Institution oft ein bewusst weiter Ermessensspielraum eingeräumt. Da dieser stark durch die polizeiliche Lebenswelt geprägt wird, ergeben sich völlig unterschiedliche Erfahrungen, welche Bürger:innen mit der Polizei sammeln. „Für viele Menschen *of color* gehören Polizeikontakte zum alltäglichen Leben: Sie werden viel häufiger als Weiße angehalten und kontrolliert und auch häufiger durch die Polizei beleidigt und schikaniert" (Loick 2018, S. 10). Wie es zu den unterschiedlichen Adressierungen durch die Polizei kommt, lässt sich durch interne Zielvorgaben sowie Normalitätserwartungen erklären:

---

[7] Wie weit die Befugnisse der Polizei durch die neuen Polizeiaufgabengesetze reichen, zeigt sich z.B. darin, dass die Partei Bündnis 90/Die Grünen das neue Bayrische Polizeiaufgabengesetz als verfassungswidrig einstuft und sowohl gegen die erste Novelle als auch gegen die zweite Novellierung Klage beim Bayrischen Verfassungsgerichtshof eingereicht hat (vgl. Bündnis 90/Die Grünen Bayern).

Die Kontrolle der »Anderen« war schon immer Kern polizeilicher Tätigkeit. Was von der ei-genen Norm abweicht, wird schnell als gefährlich betrachtet. Dabei kommt es zunächst nicht darauf an, ob sich aus dem abweichenden Verhalten eine konkrete Gefahr ergibt oder es gar verboten ist, sondern nur, ob es sich in irgendeiner Weise davon unterscheidet, was als normal erachtet wird (Derin & Singelnstein 2022, S. 68).

4.1. Zusammensetzung und institutionelle Lebenswelt der Polizei

Was ist also aus Sicht der Institution normal und was nicht? Dafür stellt sich zunächst die Frage, wer wird Polizist:in und wie setzt sich die Polizei zusammen? Trotz steigender Zahl der weiblichen Bewerberinnen, bleibt die Polizei eine männliche Institution. In den letzten 20 Jahren ist der Anteil der Frauen von 20 Prozent auf 29,3% gestiegen (vgl. sta-tistisches Bundesamt 2020, Pressemitteilung N 057). Das Geschlechterverhältnis variiert darüber hinaus stark in den unterschiedlichen Bereichen. So sind in den Spezialeinheiten beispielsweise nur sehr selten Frauen vertreten, dasselbe gilt für Führungspositionen (vgl. Derin & Singelnstein 2022, S. 103). Der Anteil an Menschen mit ‚Migrationshinter-grund' in der Polizei ist ebenfalls nach wie vor deutlich unterrepräsentiert, somit ist die Polizei eine „unterdurchschnittlich diverse Organisation, die mit Blick auf Zuwanderung nicht die derzeitigen demografischen Verhältnisse der Gesamtgesellschaft widerspie-gelt" (ebd. S. 105). Auch wenn die Polizei sich teilweise mit Anwerbe-Kampagnen be-müht diese Verhältnisse zu ändern, betont Hunold, dass Diskriminierungsdispositionen nicht automatisch weniger werden, indem man mehr Menschen ‚mit Migrationshinter-grund' einstellt (vgl. Hunold et al 2010 zit. n. Behr in Scherr, S. 317). Weil die „Kultur(en)" der Polizei „tendenziell Assimilations- bzw. Homogenitätskulturen, sicher aber keine Diversitäts- bzw. Heterogenitätskulturen" (Behr in Scherr 2017, S. 316) sind, entwickeln die meisten Polizist:innen wenig berufliche Neugier auf fremde Lebenswelten und kön-nen und wollen somit die sozialen Bedingungen ihrer Klientel nicht verstehen (vgl. ebd.). Die eigene (politische) Lebenswelt hingegen zeigen Umfragen des Hessischen Innenmi-nisteriums bei dessen Landespolizei: 2019 verortete sich die große Mehrheit der Be-amt:innen in der politischen Mitte und nicht etwa am rechten Rand (vgl. Derin & Sin-gelnstein 2022, S. 107). Dieselbe Umfrage ergab allerdings auch, dass circa 28 Prozent der Aussage zustimmten, wenn man nicht aufpasse, werde Deutschland ein islamisches Land (vgl. ebd.). Diese Umfragen können einen ersten Eindruck vermitteln, was aus Sicht der Polizeibeamt:innen als politische Mitte gilt bzw. als ‚normal' angesehen wird. In der alten Bundesrepublik galt man vielerorts als SPDler in der Organisation schon als links (vgl. ebd. S.105). Während als Rechtfertigung für Rassist:innen, Waffenbesessene, Prepper:innen etc. in den eigenen Reihen oft die Phrase vom Gesellschaftsspiegel genutzt wird, nach dem Motto »solche gibt es eben überall« (vgl. ebd. S. 107f.), lässt sich in drastischer Weise feststellen: „Nein. Die Polizei ist männlicher, weißer, deutscher, konservativer als der Durchschnitt" (ebd. S. 107). Denn, „es ist weder Zufall, noch bleibt es folgenlos, dass in der Polizei besonders wenige Frauen oder Menschen aus Familien mit Zuwanderungsgeschichte beschäftigt sind" (ebd. S. 108).

5. Aufbau und Organisation der Institution Schule

„Nach Zielen, Aufgaben und Funktionen der Schule fragen heißt, zu überlegen wozu die Schule da ist, wer die Zwecke der Schule festsetzt und welche Methoden eingesetzt werden, um ihr Erreichen sicherzustellen" (Wiater in Blömeke et al. 2009, S. 65). Die meisten Menschen verbinden Schule mit der Vermittlung von Bildung und der Vorbereitung von Schüler:innen auf das (berufliche) Leben. Laut Geier werden die Aufgaben und Funktionen der Schule oft synonym verwendet, obwohl sie zwei unterschiedliche Dimensionen darstellen (vgl. Geier in Mecheril 2016, S. 436): Differenziert betrachtet, wird als schulische Aufgabe im allgemeinen Konsens ihr Bildungs- und Erziehungsauftrag verstanden, während unter Funktionen die Zwecke untersucht werden, welche das Bildungswesen für die Gesellschaft leistet (vgl. ebd.). Wie eingangs erwähnt, werden Aufgaben und Funktionen oft synonym verwendet, jedoch findet sich in der Literatur weder in der Unterscheidung noch im Ausmaß der Aufgaben und Funktionen eine einheitliche Definition: Während Ballauf (1984) 31 Funktionen von Schule unterscheidet, führen einige Autoren wie z.b. Meyer (1997) die Unterscheidung von Grund- und Sekundärfunktionen ein (vgl. Zeinz in Blömeke 2009, S. 87). Ipfling (2002) hingegen verzichtet auf eine Trennung von Aufgaben und Funktionen und definiert vier hauptsächliche Funktionen, in denen die genannten schulischen Hauptaufgaben Bildung und Erziehung unter Punkt zwei mit eingeschlossen sind (vgl. ebd.):

1. Qualifikation, Sozialisation, Personalisation
2. Unterricht und Erziehung
3. Selektion und Allokation
4. Schulleben (vgl. Ipfling 2002 zit. n. Zeinz in Blömeke et al. 2009, S. 88).

Mit verstärktem Blick auf den dritten Punkt - Selektion und Allokation – stellt sich die Frage, für wen die jeweilige Funktion erfüllt wird: „Für die Gesellschaft, für die Heranwachsenden, für die Eltern, usw.?" (Zeinz in Blömeke et al. 2009, S. 88).

> Die Schule in der Bundesrepublik Deutschland ist eine staatliche Einrichtung und steht unter der Aufsicht des Staates. So bestimmt Artikel (1) des „Grundgesetztes für die Bundesrepublik Deutschland" vom 23. Mai 1949 (mit Änderungen): „Das gesamte Schulwesen steht unter der Aufsicht des Staates (zit. n. Wiater in Blömeke et al. 2009, S. 67).

Betrachtet man also die Institution Schule, wird deren Funktion eindeutig für die Gesellschaft und nicht für die Heranwachsenden, oder die Eltern erfüllt. So hat sie sich mit ihrem überindividuellen Endzweck, dem der Erhaltung der Gesellschaft nicht nur in Deutschland, sondern als „Weltmodell" durchgesetzt (vgl. Nipkow in Mokrosch und Regenbogen 2011, S. 17). Die schulische Bildung setzt in Deutschland mit der Schulpflicht ein, die mit der Vollendung des 6. Lebensjahres in der Grundschule beginnt (vgl. von Ackeren und Klemm 2009, S. 49). Nach vier (bzw. in Berlin und Brandenburg sechs) absolvierten Schuljahren dort, versuchen die Grundschulen als Zubringer für die weiterführenden Schulen „für jedes Kind den richtigen Platz im mehrgliedrigen Schulsystem der Bundesrepublik Deutschland zu finden" (Gomolla & Radtke 2009, S. 23).

> Die frühe Auslese nach vier Grundschuljahren und die Routinen von Tests, Zeugnissen, Versetzungen und Nichtversetzungen sind nicht Randphänomene, sie prägen den Schulalltag strukturell und vermitteln kontinuierlich die Leitwerte der Konkurrenz und der Leistung mit den Teilwerten der Einordnung, des Fleißes und der Leistungskontrolle. Die zu erwerbenden „Kompetenzen", gemessen an „Standards", tragen zwar auch zur persönlichen Bildung bei, gehorchen aber letztlich den oben genannten gesellschaftlichen Funktionen [...] (Nipkow in Mokrosch und Regenbogen 2011, S. 17).

Der Unterricht, welcher sorgfältige Planung und Vor- und Nachbereitung benötigt, ist an den Lehrplan des Ministeriums sowie verschiedene Richtlinien und den Schuleigenen Lehrplan geknüpft (vgl. § 6 Allgemeine Dienstordnung für Lehrerinnen und Lehrer, Schulleiterinnen und Schulleiter an öffentlichen Schulen). Somit unterliegen Lehrer:innen bestimmten Mitgliedschafts- und anderen Rahmenbedingungen, welche ihren Unterricht und die damit verbunden Ziele vorstrukturieren. Dennoch gehört es auch zum Lehrer:innenberuf, „in eigener Verantwortung und pädagogischer Freiheit die Schülerinnen und Schüler zu erziehen, zu unterrichten, zu beraten, zu beurteilen, zu beaufsichtigen und zu betreuen" (ebd. § 5). Im Schulgesetz für das Land Nordrhein-Westfalen (SchulG) ist unter den Allgemeinen Grundlagen des Schulauftrags unter § 1 außerdem das „Recht auf Bildung, Erziehung und individuelle Förderung" verankert (vgl. § 1 Schulgesetz NRW-SchulG, 2022):

„Jeder junge Mensch hat ohne Rücksicht auf seine wirtschaftliche Lage und Herkunft und sein Geschlecht, ein Recht auf schulische Bildung, Erziehung und individuelle Förderung. Dieses Recht wird nach Maßgabe dieses Gesetzes gewährleistet" (ebd. § 1,1). Blickt man auf die schulische Realität scheint diese Vorgabe jedoch nicht immer umgesetzt zu werden. Institutionen unterstellen prinzipiell eine gewisse Normalität, wobei sich die Normalitätserwartungen der Schule insbesondere auf drei Bereiche beziehen (vgl. El-Mafaalani 2021, S. 78): „Deutsch als Muttersprache, die familiäre Mitarbeit und Mitverantwortung bei der Lernentwicklung von Kindern sowie ein bestimmtes Lerntempo und unterstellte Entwicklungsprozesse" (ebd.). Mit Blick auf die heutigen demografischen Verhältnisse kann konstatiert werden, dass zumindest *Deutsch als Muttersprache* eine unrealistische Voraussetzung ist. „Kinder und Familien, die dieser unterstellten Normalität nicht entsprechen, werden durch institutionelle Verfahrensweisen in vielerlei Hinsicht benachteiligt" (ebd.). Durch den Selektionsauftrag der Schule (und der gesellschaftlich weit verbreiteten Akzeptanz dieser Selektion), wird diese Benachteiligung jedoch oft als legitim[8] wahrgenommen.

5.1. Zusammensetzung der Schule

Im Gleichstellungsplan für die Schulabteilung der Bezirksregierung Arnsberg kann man in der Rubrik „Auf einen Blick" (Gleichstellungsplan 2019-2024, S. 5) eine Überrepräsentanz von Frauen gegenüber Männern erkennen: Bei den Grundschulen sind 90% der Lehrkräfte Frauen, diese stellen 80% der Schulleitungen. Knapp 10% der Lehrkräfte sind männlich, ihr Anteil an Schulleitungspositionen ist jedoch doppelt so hoch, nämlich 20% (vgl. ebd. S. 15). An weiterführenden Schulen fällt der Frauenanteil nicht so signifikant aus, bildet aber dennoch den deutlich größeren Personalanteil, nämlich 63,6% gegenüber 36,4% bei den Männern. Während in den Grundschulen noch der Frauenanteil in den Leitungspositionen überwiegt, werden diese bei den weiterführenden Schulen zu 58,1% von Männern belegt. So zeigt sich in der Sekundarstufe I-II prozentual eine deutliche Unterrepräsentanz von Frauen in Leitungspositionen. Eine Untersuchung des

---

[8] El-Mafaalani erklärt den Unterschied zwischen illegitimer und legitimer Ungleichbehandlung darin, ob sie vor dem Hintergrund askriptiver Merkmale stattfinden „also etwa Geschlecht, Hautfarbe, Herkunft oder sexuelle Orientierung" (El-Mafaalani 2021, S. 66) oder vor dem Hintergrund von „Leistungsfähigkeit, Kompetenz und Performanz" (ebd.). Es liegt auf der Hand, dass sich diese Grenzen gerade in Bildungsinstitutionen wie der Schule vermischen und somit illegitime (als legitim getarnte) Ungleichbehandlung - selbst von den Benachteiligten- als gerecht empfunden werden kann.

statistischen Bundesamts ergab, dass lediglich ein Anteil von 1,4% ‚ausländischen' [9] Lehrkräften im Schuljahr 2018/2019 an allgemeinbildenden Schulen in Deutschland beschäftigt war. Interessant ist dabei, dass die Lehrer:innen mit ausländischer Staatsbürgerschaft vorwiegend aus Europa (7800), gefolgt von Amerika (1100) und Asien (450) kamen. Der Anteil europäischer Lehrkräfte repräsentiert jedoch lediglich ein kleines Spektrum der europäischen Länder, da die Lehrer:innen vor allem aus Frankreich, dem Vereinigten Königreich und Österreich stammen. Trotz der geringen Gesamtzahl ‚ausländischer' Lehrkräfte (9700), hat sich diese Zahl innerhalb der letzten 10 Jahre ausgehend von 3700 Personen um 61,6% erhöht (vgl. Statistisches Bundesamt 2019). Weder der hohe Frauenanteil noch der geringe Anteil an ‚ausländischen' Lehrkräften spiegelt die aktuelle demografische Entwicklung der Gesellschaft wider. Dennoch lassen sich keine Nachweise dafür finden, dass unter den Mitgliedern der Institution Schule eine vergleichbare Anfälligkeit für rassistische bzw. diskriminierende Denkmuster vorliegt, wie bei der Polizei.

6. Einführung Vergleichsmaßstäbe

Im folgenden Kapitel wird die Studie „Institutionelle Diskriminierung – Die Herstellung ethnischer Differenz in der Schule" (Gomolla & Radtke) mit dem Forschungsprojekt „KORSIT-Die Konstruktion von Räumen im Kontext von Sicherheit – Raumwissen bei der Polizei" (Hunold et al.) zueinander in ein Verhältnis gesetzt. Konkret werden die Institutionen Schule und Polizei zunächst unter dem Aspekt von Begründungsmustern und Schlussregeln miteinander verglichen. Darauf aufbauend wird als zweiter Vergleichsmaßstab der Ermessensspielraum der Institutionen beleuchtet, dessen Auswirkungen stark durch Normalitätserwartungen und die institutionellen Lebenswelten geprägt sind. Während in der öffentlichen Diskussion der Misserfolg von SuS, sowie Gründe für Kriminalität oft mit der familiären Umwelt und ‚Kultur', der individuellen Bringschuld sowie fehlender Anpassungsfähigkeit begründet werden, lenken beide Studien den Blick weg von den Betroffenen hin zu den Entscheidern. Für die Vergleichsmaßstäbe dienen aufseiten der Schule von Gomolla & Radtke herausgearbeitete Schlussregeln [10] bei

---

[9] In dieser Statistik gilt als ‚ausländisch', wer keine deutsche aber mindestens eine ‚ausländische' Staatsangehörigkeit hat.

[10] Gomolla & Radtke haben alleine für die Übergangsschwelle von der Primar- in die Sekundarstufe 20 solcher Schlussregeln aufgestellt. Weitere 27 Schlussregeln liegen in Bezug auf die Entscheidungsstelle „Überweisung auf die Sonderschule für Lernbehinderte" (SOLB) vor.

Übergangsentscheidungen: Um vorherrschende Deutungsmuster aus den Interviews mit Lehrkräften und Schulleiter:innen herauszuarbeiten, haben Gomolla & Radtke das Toulmin-Schema (1975) für ihre Studie in vereinfachter Form angewandt: So können die interessierenden Schlussregeln, die das institutionelle Wissen einer Organisation enthalten und präsentieren, möglichst direkt erschlossen werden (vgl. Gomolla & Radtke 2009, S. 154). „Schlußregeln (SR) entsprechen in der klassischen Rhetorik als Gemeinplätze bezeichnete Deutungen, die von allen für wahr gehalten werden" (ebd. S. 153). Für das Forschungsprojekt KORSIT liefern Beobachtungen und Interviews im Wach- und Wechseldienst zweier großstädtischen Polizeiorganisationen die Datengrundlage (vgl. Hunold et al. 2020, S. 26). Hier wurde nach sozialökonomischen Kriterien bewusst ein besser gestelltes sowie ein schlechter gestelltes Viertel als Untersuchungsgegenstand herangezogen (vgl. ebd.). Bei beiden Vergleichsmaßstäben soll gezeigt werden, inwiefern die Entscheider:innen auf Kategorien wie ‚Rasse', ‚Kultur' und andere ‚Abweichungen' von der Norm bzw. den institutionellen Normalitätserwartungen zurückgreifen.

6.1 Vergleichsmaßstab Schlussregeln und Begründungsmuster

Zum Vergleich soll aufseiten der Institution Schule die Schlussregel 14 zur Analyse eines Interviews dienen: „Wenn die Türken für sich leben und Türkisch sprechen, haben sie eine aggressive und feindselige Haltung gegenüber der deutschen Gesellschaft" (SR 14 zit. n. Gomolla & Radtke 2009, S. 256). Hier handelt es sich um ein Entscheidungs- und Begründungsmuster an der Übergangsschwelle von der Primar- in die Sekundarstufe. Bei den Übergangsentscheidungen finden sich mehrfach Kontrastierungen unterschiedlicher Gruppen von ‚Migrant:innen', welche aufgrund sozialer Schichten, oder aber spezifischen Herkunftsländern festgemacht werden (vgl. ebd., S. 254). So wird im folgenden Interviewausschnitt die *hohe Anzahl türkischer Kinder* mit einem Übergang auf die Hauptschule durch den Schulleiter schlichtweg mit der *hohen Anzahl türkischer Kinder* begründet:

Das sind aber-, im Grunde sind das eben wirklich -, wir haben keine Italiener und wir haben im Grunde auch keine Jugoslawen, wir haben praktisch Türken und ein paar Marokkaner. Es handelt sich, kann man hier bei uns sagen, um türkische Übergänge. Wenn wir mal einen Italiener hatten, der war anders integriert, durch die Religion, durch die Sprache, durch das Spielen mit anderen Kindern, da war keine Ghettobildung zu erkennen, auch weil die nicht in Massen aufgetreten sind, wie die Türken bei uns. [...] Oder auch diese Marokkaner, die wir bis jetzt hatten, die sind alle zur Realschule oder zum Gymnasium gegangen, weil die stärker vereinzelt sind, da ist auch ein stärkeres Bildungsbewußtsein da. Und die kapseln sich nicht ab, auch sprachlich nicht [...]. Also ich denke, man muß viel stärker differenzieren zwischen Ausländern, zwischen islamistischem Umfeld und Hintergrund, und zwischen süd-europäisch-katholischer Population [...] (Schulleiter der Grundschule A, zit. n. Gomolla & Radtke 2009, S. 254).

Bei diesem Interviewausschnitt springt vor allem die Forderung nach einer individuellen Bringschuld in Kombination mit Bildungsbewusstsein ins Auge. Der Schulleiter begründet die ‚türkischen Übergänge' mit fehlender Integration, die seiner Meinung nach durch die hohe Anzahl türkischer Schüler:innen zustande kommt. Darüber hinaus findet eine gewisse Einstufung in verschiedene Kategorien von ‚Personen mit Migrationshintergrund' statt:

> Unterlegt ist der Topos verschiedener Grade kultureller (und sprachlicher) Fremdheit. Während den "Fremden", die vereinzelt auftreten, Integration, Bildungsbewußtsein und sogar Schulerfolg bescheinigt wird, wird hinsichtlich der türkischen Hauptschulübergänger durch die Begriffe „Ghettobildung", „Massen", „(sprachliche) Abkapselung" (im Gegensatz zu „Bildungsbewußtsein"), „islamisches Umfeld" eine Verschiebung des Deutungsmusters der Kulturdifferenz zum Kulturkonflikt vorgenommen (Gomolla & Radtke 2009, S. 255).

Neben dem Rückgriff auf ‚Rasse', werden die Argumente aufseiten des Schulleiters auch durch religiöse Zugehörigkeit gestützt. Etwas widersprüchlich erscheint hier das negativ konnotierte ‚islamische Umfeld', während gleichzeitig von einem stärkeren Bildungsbewusstsein bei den vereinzelten (vermutlich muslimischen) Marokkanern die Rede ist. So werden im argumentativen Rückgriff auf die politische und in den Medien inszenierte Debatte um die Gefahren eines ‚islamischen Fundamentalismus', türkischen Familien aufgrund der Andersprachigkeit Vorwürfe gemacht, sich feindselig gegenüber der deutschen Gesellschaft zu verhalten (vgl. ebd.). Den Schüler:innen, welche auf die Hauptschule überwiesen werden, wird somit Andersprachigkeit und Fremdheit in Form von Nation, Kultur oder Religion vermischt mit fehlendem Bildungsbewusstsein vorgeworfen. Damit einhergehend ist eine schultypische Forderung nach Bringschuld und Integrationswillen der Individuen, die von Gomolla & Radtke als Schlussregel 15[11] festgehalten wird: „Die Verantwortung für den mangelnden Schulerfolg wird so mit dem Argument des mangelnden Integrationswillens komplett an die Eltern zurückgewiesen" (Gomolla & Radtke 2009, S. 255). Die Schule erkennt also faktisch nicht, dass sie selbst durch ihr Vorgehen zum mangelnden Schulerfolg beiträgt und kommt ihrer Aufgabe zu einer gelingenden Eingliederung nicht nach. Somit wird von der Schule, welche

---

[11] SR 15: „Wenn Ausländer sich aktiv segregieren, sind sie für ihr Scheitern selbst verantwortlich, kann ihnen die deutsche Schule auch nicht helfen" (SR 15 zit. n. Gomolla & Radtke 2009, S. 256).

Integrationshilfen geben soll, der Spieß umgedreht und der Topos der ‚Integrationswilligkeit' genutzt (vgl. ebd., S. 226).

Ähnlich sehen die Begründungsmuster aufseiten der Polizei aus, als die Beamt:innen gefragt werden, wie sie den schlechter gestellten Stadtteil des Einsatzes (Dillenstadt Süd) beschreiben würden:

> PB 2: Eine Stelle, das wäre ja die [Straße T.], ist unser Problemfeld, was Müll angeht, was kulturelles Miteinander angeht. Da haben wir die Syrer, da haben wir die Altlibanesen, da haben wir die Türken, wir haben da noch ganz andere Leute mit Migrationshintergrund, und die kommen alle zusammen (zit. n. Hunold et al. 2020, S. 27).

> PB 3: Ja, gerade wenn wir jetzt so an die Gegenden denken, [Straße P.], [Straße T.], da auch die Hochhäuser, und die Gegend da, die wirkt einfach nicht einladend, und es ist natürlich auch ein gefühlt hoher Anteil an Migranten dort, die sich natürlich überhaupt nicht mit der hiesigen Rechtsordnung identifizieren und dann dementsprechende Delikte dann auftreten (ebd.).

> PB 4: Aber in dem Bereich sind halt schon einzelne Bereiche, wo vermehrt Personen mit einem russischen Hintergrund wohnen oder mit einem türkischen. Also tatsächlich so ein bisschen, Gettoisierung ist immer so ein blöder Begriff, aber schon so eine Unterscheidung nach Nationalitäten ist da schon gegeben (ebd.).

Die Zitate der Polizeibeamt:innen zeigen nahezu die gleichen Deutungen wie die schulischen Schlussregeln. Es wird ebenfalls von ‚Ghettobildung' bzw. in diesem Fall von ‚Ghettoisierung' gesprochen und Nationalitäten werden in unterschiedliche Grade von Fremdheit kategorisiert:

> Diese verschiedenen Erzählungen der Polizist:innen über Dillenstadt-Süd haben im Wesentlichen eines gemein: Es werden physische und soziale Merkmale miteinander in Beziehung gesetzt. Räumliche Merkmale des Stadtteils (gruselig, dreckig, heruntergekommen, nicht einladend) werden in den Beschreibungen in einen direkten Zusammenhang mit Personengruppen gebracht (Hunold et al. 2020, S. 28).

Die vorliegenden Verknüpfungen von physischem Zustand und ethnischer Diversität, fallen unter den verschiedenen Polizeibeamt:innen sehr ähnlich aus und enthalten automatische Wertungen, die Hinweise auf die polizeiliche Lebenswelt geben. Darüber hinaus, wird allein aufgrund vermeintlicher Fremdheit auf Kriminalitätsprobleme geschlossen indem den Bürger:innen unterstellt wird, sich nicht mit der Rechtsordnung zu identifizieren (vgl. ebd.). Die polizeilichen Deutungsmuster aus dem Forschungsprojekt KORSIT kommen der Schlussregel 14 (s.o.) aus dem schulischen Bereich sehr nah: Der Polizeibeamte (3) greift in diesem Fall zwar auf keine Nation zurück, unterstellt dafür aber einem ‚hohen Anteil an Migranten' pauschal, dass es durch die fehlende Identifikation mit der Rechtsordnung zu Delikten kommt. Seine zu Protokoll gegebene Wahrnehmung lässt darauf deuten, „dass Menschen, welche ethnischen Zuschreibungen unterliegen,

‚natürlich' also gewissermaßen wesensimmanent kriminell Handelnde sind" (ebd.). Bei beiden Institutionen findet dasselbe Phänomen statt: „Erst wird diskriminiert/benachteiligt/ausgegrenzt, dann werden Gründe für die Diskriminierung/Benachteiligung/Ausgrenzung bei den Opfern und ihren Eigenschaften gesucht, womit die Motive der Täter und ihre Vorteile/Gewinne ausgeblendet und abgedunkelt werden" (Gomolla & Radtke 2009, S. 276).

6.2 Vergleichsmaßstab Ermessensspielraum

Die unterschiedlichen Auswirkungen von Ermessungsspielräumen im Bereich der Schule lassen sich vor allem bei Übergangsempfehlungen erkennen: So kann es trotz gleicher Noten zu unterschiedlichen Schullaufbahnempfehlungen kommen. „Aus solchen Ermessensspielräumen, wie sie etwa auch bei der Leistungsbewertung gegeben sind, bezieht die Organisation Schule ihre Flexibilität und Anpassungsfähigkeit an veränderte Gegebenheiten in ihrer Umwelt" (Gomolla & Radtke 2009, S. 269). Dabei lässt sich als wichtiges Ziel für die Schule die eigene Handlungsfähigkeit herausarbeiten, die am leichtesten zu erhalten ist, indem die Lernvoraussetzungen der Kinder möglichst homogen bleiben (vgl. ebd.). „Die Selektions- und Allokationsentscheidungen der abgebenden Grundschulen sind wesentlich durch die Seite der ‚Abnehmermärkte' (Hasenfeld 1972) bestimmt (ebd. S. 229). So gelten als Zugangskriterium für das Gymnasium allgemein „Perfekte Deutschkenntnisse" (vgl. ebd. S. 244), weshalb selbst bei guten Noten (!) eine Empfehlung auf eine niedrigere Schulform mit fehlenden Deutschkenntnissen oder mangelnder angemessener Elternunterstützung begründet werden kann (vgl. ebd. S. 262). Hier wird seitens der Lehrkraft (zumindest in der Begründung der Entscheidung) oft in wohlmeinender Form der familiäre Hintergrund berücksichtigt und von einer Gymnasialempfehlung abgesehen. So soll ein mögliches Scheitern der Kinder auf der höheren Schulform verhindert werden. Die dazu passende Schlussregel 10 lautet: „Schüler und Schülerinnen sind vor Mißerfolg und Enttäuschungen zu bewahren" (SR 10 zit. n. Gomolla & Radtke, S. 252). So entsteht die Konklusion, dass ‚ausländische Kinder' beim Vorliegen sprachlicher Mängel - gemeint sind ‚nicht perfekte Deutschkenntnisse' - im Zweifelsfall auf eine niedrigere Schulform zu überweisen sind (vgl. ebd.). „Diskriminierung ist an den drei beschriebenen Entscheidungsstellen insofern institutionalisiert, als jeweils um Mitgliedschaftsbedingungen gerungen wird, die Migrantenkinder aufgrund ihrer abweichenden Vorsozialisation in vielen Fällen nicht erfüllen können" (ebd., S. 274). Bei den

Entscheidungsstellen Einschulung, Einleitung von Sonderschulaufnahmeverfahren sowie den Übergängen nach der vierten Klasse geht es den Schulen „nicht um Nationalität, sondern um Normalität, d. h. um Abweichungen von den Normen" (ebd.). So werden neben guten Leistungen „soziale Integration, Elternmitarbeit, anregungsreiches Milieu und vor allem: keine zusätzlichen Defizite und Bedürfnisse, die Schwierigkeiten bereiten könnten" (ebd.) erwartet und als Begründung genutzt. Der Ermessensspielraum ist somit einerseits geprägt durch die Normalitätserwartungen der Schule an sein Klientel, vor allem in Bezug auf Sprache (vgl. ebd. S. 271), ebenso wie durch die schulrechtlichen Rahmenbedingungen und die organisatorischen Handlungsmöglichkeiten (vgl. ebd. S. 161). Die daraus resultierenden Schullaufbahnempfehlungen an den Entscheidungsstellen müssen als institutionelle Diskriminierung erkannt werden, weil Angehörigen bestimmter Gruppen trotz guter Noten im Zweifel die Chance auf eine höhere Schulform verwehrt wird. Die Schule (re-) produziert damit Chancenungleichheit, indem sie bereits nach der vierten (bzw. sechsten) Klasse über Bildungskarrieren entscheidet. Im Polizeirecht ist der Ermessensspielraum sogar durch das Opportunitätsgesetz fest verankert. So *können* Beamt:innen bei einer Tatbestandsvoraussetzung handeln, *müssen* aber nicht (vgl. Trurnit 2017, 23 zit. n. Dangelmaier & Brauer in Hunold & Ruch 2020, S. 219). Der dadurch legitimierte Ermessenspielraum, kann bzw. soll somit Vertrauensverhältnisse zu den Bürger:innen herstellen, indem bei kleineren Verfehlungen von einer Anzeige abgesehen und stattdessen lediglich ermahnt und geschlichtet wird (vgl. Belina 2018, S. 122 zit. n. Dangelmaier & Brauer in Hunold & Ruch 2020, S. 219). Dies hat jedoch den Nachteil, dass „polizeiliches Handeln in der Praxis weit ab [sic!] vom Recht mit seinen Grundsätzen von Gleichbehandlung, Verfahrenssicherheit etc. stattfindet" (ebd.). Ein treffendes Beispiel aus dem Forschungsprojekt KORSIT ist die abweichende Adressierung und Ahndung einer Verkehrsordnungswidrigkeit, konkret dem Telefonieren am Steuer in zwei verschiedenen Stadtteilen. Aus vorangegangenen Interviews mit den Polizeibeamten „Achim" und „Bernd" (Namen anonymisiert) wird exklusives Wissen über die verschiedenen Gegenden deutlich: Infrastrukturelle Gegebenheiten und vorangegangene Einsätze lassen den schlechter gestellten Stadtteil als kriminogenen Ort erscheinen, während die Polizei im besser gestellten Stadtteil eher bei Einbrüchen in der Gegend aktiv wird, aber zumeist nicht wegen der dort lebenden Bevölkerung (vgl. Dangelmaier & Brauer in Hunold & Ruch 2020, S. 226 f.). Als im ersten Szenario die

Polizeibeamt:innen, unter anderem „Bernd", im besser gestellten Reviergebiet ‚auf Streife' sind und einen Mann mit Handy am Steuer entdecken, belehren sie ihn durch das Fenster: „Fahren mit Handy am Steuer ist gefährlich. Das nächste Mal wird das sehr teuer für Sie" (PB Berndt, zit. n. Dangelmaier & Brauer in Hunold & Ruch 2020, S. 225)! Im zweiten Szenario ist der Beamte „Achim" mit einer Kollegin im schlechter gestellten Stadtteil B im Streifendienst. Während der Fahrt berichtet „Achim" über diesen kriminogenen Stadtteil, der früher noch viel schlimmer gewesen sei. An einer Kreuzung sieht er einen jungen Pizzaboten im Auto und sagt aus, dass dieser ein Handy in der Hand halte. „Achim" spricht den Mann, der seine Unschuld beteuert, sehr dominant an und verlangt ohne weitere Erklärung seine Papiere (vgl. ebd. S. 225): „Wir haben gesehen, dass Du telefoniert hast, ein Punkt, 100 Euro"(ebd.)! Der Pizzabote wirkt überrumpelt und irritiert, lässt aber die Situation über sich ergehen. Insgesamt wirkt er gedemütigt und resigniert (vgl. ebd.).An diesen beiden Szenarien lässt sich zeigen, dass der Ermessensspielraum durch die Beamt:innen je nach Raumausschnitt unterschiedlich genutzt wird (vgl. ebd. S. 230). „Es konnte unter anderem nachgewiesen werden, dass die PolizistInnen in kriminalisierten Raumausschnitten häufiger Verwarngelder ausschrieben, während in anderen, als ‚normal' definierten Bereichen der gleiche Tatbestand mit einer mündlichen Verwarnung auskam" (ebd.). Die Normalitätserwartungen von Polizist:innen orientieren sich in der Regel an traditionell und konservativ ausgerichteten Ordnungsvorstellungen und nicht an sozialer Ordnung, welche in sozial schlechter gestellten Stadtteilen stattfindet (vgl. Hunold et al. 2020, S. 41.). Somit werden Abweichungen der Norm als Verdachtskonstruktionen (vgl. ebd.) genutzt und Raum fungiert „als Schaltfläche sozialer Platzierungen, die durch die differenzierenden Handlungspraktiken der Polizei vorgenommen werden" (Dangelmaier & Brauer in Hunold & Ruch 2020, S. 231). Die differentielle Adressierung an die Bevölkerung wird wie auch in den vorgestellten Szenarien bereits daran deutlich, wer geduzt oder gesiezt wird (vgl. Loick 2018, S. 11). „Die zugrundeliegende Erwartungshaltung der PolizistInnen, in dem schlechter gestellten Stadtgebiet mehr Kriminalität vorzufinden, legitimiert und reproduziert sich zum Teil auch durch die häufigeren Kontrollfahrten, welche die Wahrscheinlichkeit erhöhen, Rechts- und Ordnungsverstöße zu finden" (Dangelmaier & Brauer in Hunold & Ruch 2020, S. 232). Das Image von Räumen wird somit durch die Polizeiarbeit aktiv verändert, indem eigene Erwartungen in Bezug auf die dort lebenden Menschen als potenzielle

Täter:innen (re-)produziert werden (vgl. Belina & Wehrheim 2011, S. 219 zit. n. Hunold et al. 2020, S. 41).

7. (Staatliche) Logik hinter institutioneller Diskriminierung

Während mit Diskriminierung in der Mehrheitsgesellschaft meist intendierte und gewaltvolle Formen von Rassismus assoziiert werden, hat sich im Verlauf der Arbeit herausgestellt, dass vielmehr „die historischen und strukturellen Dimensionen und ihre Folgen im Mittelpunkt [stehen]" (El-Mafaalani 2021, S. 8 f.). Unter den strukturellen Dimensionen ist somit auch der „Rassismus der gesellschaftlichen Mitte und die Involviertheit des Staates" (ebd.) zu verstehen. Hierbei soll unterstrichen werden, dass mit Involviertheit des Staates keineswegs von passivem ‚Mitwissen', sondern vielmehr einer aktiven Beteiligung und der dahinterstehenden Logik ausgegangen werden muss. Foucault versteht als Maßgabe polizeilichen Handelns, „die Steigerung der Kräfte des Staates, das heißt die Eliminierung alles Unproduktiven" (Foucault zit. n. Loick 2018, S. 13) zu jeder Zeit. Auch Belina sieht die gesamte staatliche Kriminalpolitik als eine Methode des Regierens, durch die dem Staat eine Zugriffsmöglichkeit auf die Bevölkerung geschaffen wird. Diese diene dem Endzweck der Reproduktion gesellschaftlicher Verhältnisse, welche im Kern die kapitalistischen Produktionsweisen schützen sollen (vgl. Belina 2006, S. 12). Er konstatiert, dass „,Kriminalität' und ‚Kriminelle' [...] durch staatliche Politik überhaupt erst erzeugt [werden] [...]" (ebd.).

> Zeigt sich die Polizei vermehrt in einem Viertel, erscheint dieses fast automatisch als Problembezirk. Und ein hartes Vorgehen gegen Obdachlosencamps oder sich häufende Razzien gegen islamistische Zellen setzen diese Themen auf die Tagesordnung und tragen dazu bei, dass die Betroffenen fremd und bedrohlich erscheinen, weil anscheinend solche Maßnahmen gegen sie notwendig sind (Derin & Singelnstein 2022, S.54).

Somit stimmen auch Derin & Singelnstein unter Hinzunahme der sozialwissenschaftlichen Perspektive zu, die Funktion der Polizei darin zu sehen, die soziale Ordnung durchzusetzen, um bestehende gesellschaftliche Verhältnisse abzusichern (vgl. Derin & Singelnstein 2022, S. 47). Hinsichtlich der Institution Schule sind ähnliche Argumentationen erkennbar: Wie Gomolla & Radtke in ihrer Studie resümieren, ist die Schule als Organisation im „doppelten Sinne an der Herstellung ethnischer Differenz und der Hervorbringung einer ethnischen Ordnung beteiligt: indem sie Unterschiede macht und diese mit der geläufigen Semantik über Migranten begründet" (Gomolla & Radtke 2009, S. 276).

Die Entscheidungen in der Schule sind Teil der Institutionalisierung einer sozialen Ordnung bezogen auf unterschiedliche Bevölkerungsgruppen und ihrer nachträglichen Legitimation mit Hilfe von Theorien und Konstrukten über Kultur und ihre verhaltensdeterminierende Wirkung. Die Schule ist beteiligt an der sozialen Hervorbringung und Konstruktion ethnischer Differenz, personifiziert in der Gestalt des „Ausländers"/des „Fremden"/des „Migranten", die sich zu einer ethnischen Ordnung verdichtet. (ebd. S. 277).

Fereidooni konstatiert, dass sich „das Ideal von Bildung als Vehikel sozialen Aufstiegs zumindest in der BRD als Illusion" (Fereidooni 2011, S.61) erweist. Das deutsche Bildungssystem ziele vielmehr auf die „Besitzstandwahrung des autochthonen Mittelstandes" (ebd.) ab, anstatt die Herstellung von Chancengleichheit ernsthaft zu verwirklichen. Die vorhandene institutionelle Diskriminierung im Schulsystem kann nach Fereidooni an der Unterschichtungsthese belegt werden (vgl. Fereidooni 2011, S.25), welche besagt, dass

die Schulen (...) eine relativ feste Anzahl von Plätzen innerhalb einer Bildungshierarchie zu vergeben haben, so daß der Erfolg des einen stets der Mißerfolg des anderen ist. Sobald Migrantenkinder, gemessen am relativen Schulbesuch, die unteren Plätze in der Bildungspyramide einnähmen, sei davon auszugehen, daß deutsche Kinder vermehrt Aufstiegserfahrungen machen können (Bommes & Radtke 1993, S. 485 zit. n. Fereidooni 2011, S. 25).

An dieser Stelle gilt es noch einmal zu betonen, dass nicht die einzelnen Lehrer:innen und Polizist:innen die Verantwortung für die Diskriminierungsformen tragen, sondern vielmehr die organisatorischen Abläufe, Routinen und Zielvorgaben in Frage gestellt werden müssen. Wenn in den Medien oder durch die Institutionen selbst, von ‚einzelnen Ausnahmefällen' oder ‚schwarzen Schafen' berichtet wird, bleiben diese Routinen verdeckt. Durch das weit verbreitete Vertrauen in die Institutionen Schule und Polizei, würden vermutlich die wenigsten Menschen aus der gesellschaftlichen Mitte Deutschlands der Aussage zustimmen, „daß sowohl die erfolgreiche Schülerin bzw. die erfolglose Schülerin, wie auch jugendliche Kriminelle, zu einem entscheidenden Anteil Konstrukt und Produkt der Organisation, deren Unterscheidungen und der darauf folgenden Entscheidungen seien" (Cicourel & Kitsuse zit. n. Gomolla & Radtke 2009, S. 59). Faktisch können Organisationen und Institutionen jedoch in der modernen Gesellschaft als zentrale Teilhabeanker gesehen werden, „die die Biografie horizontal prägen und Erfolg und Karriere vertikal strukturieren" (El-Mafaalani 2021, S.87).

8. Fazit

In der vorliegenden Arbeit wurde bestätigt, dass in beiden untersuchten Institutionen Formen institutioneller Diskriminierung auftreten. Diese werden durch Rahmenbedingungen, aber vor allem durch weit gefasste Ermessensspielräume (vgl. Fassin in Loick 2018, S.135-16) geprägt, und dienen dem Zweck der Institutionen, die eigene Handlungsfähigkeit abzusichern (vgl. Gomolla und Radtke 2009, S.269). So wird die Benachteiligung marginalisierter Gruppen seitens der Schule durch das Leistungsprinzip legitimiert, aber verschleiert vorrangig beispielsweise das Festhalten an homogenen Klassenzusammensetzungen oder einer gewünschten Zügigkeit (vgl. ebd. 269 f.) Aufseiten der Polizei dient die Kriminalisierung bestimmter Gruppen als Legitimation für die ‚Kontrolle der Anderen' (vgl. Derin und Singelnstein 2022, S.189), z.B. wenn sogenannte Problembezirke zu ‚Gefahrenzonen' ernannt werden, in denen anlasslose Kontrollen legal stattfinden können (vgl. Belina in Loick 2018, S. 125). In beiden Bereichen kommen die Autor:innen zu dem Schluss, dass die Institutionen durch ihre Abläufe an der Produktion und Verfestigung ethnischer Differenzen sowie der Herstellung sozialer bzw. gesellschaftlicher Ordnung beteiligt sind (vgl. u.a. Gomolla & Radtke 2009, S. 29-33; u.a. Belina 2006, S.12.). Darüber hinaus werden dem Staat Eingriffe auf seine Bürger:innen gewährt und die Privilegien der deutschen Mehrheitsgesellschaft abgesichert. Nicht ohne Grund gilt die Polizei als zentraler Akteur des staatlichen Gewaltmonopols und ebenfalls nicht ohne Grund unterliegt auch die Schule der Aufsicht des Staates. Besonders kritisch zu sehen ist, dass sich durch die polizeilichen und schulischen Praktiken vorhandene Denkmuster, auch in der Gesellschaft, zirkulär bestätigen und somit immer weiter verfestigen. Um dies etwas überspitzt zu formulieren, ließe sich die These aufstellen, dass, wer nur Deutsche of Color kontrolliert, auch nur Straftaten von Deutschen of Color in die Statistik aufnehmen kann. Wer nur ‚einheimisch' Deutsch gelesenen Schüler:innen eine Gymnasialempfehlung gibt, kann auch nur bei ‚einheimisch' Deutsch gelesenen Schüler:innen einen erfolgreichen Abschluss der Allgemeinen Hochschulreife verbuchen. Obwohl beide Institutionen in Bezug auf die Logiken institutioneller Diskriminierung große Ähnlichkeiten aufweisen, sind die Zusammensetzungen der Mitglieder sehr unterschiedlich, wodurch sich verschiedene institutionelle Lebenswelten ergeben. So fällt zumindest die Polizei auch immer wieder durch *direkte* Formen der Diskriminierung auf: Von Chatgruppen mit rechtsextremistischen Verläufen, über Beleidigungen und Übergriffe an Deutschen of Color im Amt, bis hin zu Toten in Polizeigewahrsamen (nicht nur Oury Jalloh), gibt es eine breite Facette an direkten Diskriminierungsvorwürfen und -nachweisen, denen sich die Polizei stellen muss (vgl. Derin und Singelnstein 2022, S. 197-209). Diese direkten Diskriminierungsformen lassen sich dennoch auch zum Teil in den strukturellen Gegebenheiten der Institution begründen. Während die Lehrer:innen in der Schule in der Regel *mit* Schüler:innen arbeiten, müssen Beamt:innen bei der Polizei zumeist gegen ihr Klientel ermitteln, forschen und handeln. Die Ablehnung der ‚Tat‘ führt oft zu einer Ablehnung der ‚Täter‘, womit sich ein Arbeitsleben zwischen ‚Gut‘ und ‚Böse‘ ergibt (vgl. Behr in Scherr et al. 2017, S.314), welches die Anfälligkeit für das Auftreten direkter Diskriminierungsformen erhöhen kann. Neben den strukturellen Gegebenheiten ist mir im Verlauf dieser Arbeit die Macht der Sprache besonders bewusst geworden. Die Verwendung bestimmter Begriffe in Institutionen wie Schule und Polizei weist eine staatliche Logik auf, indem die Denk- und Handlungsweisen der Individuen der Gesellschaft dahingehend beeinflusst werden, dass benachteiligende Wirkungen und Ausschlüsse - insofern sie überhaupt wahrgenommen werden - als stimmig und gerecht empfunden werden können. Vor dem Schreiben dieser Bachelorarbeit waren mir beispielsweise Ausschlüsse, die durch den Begriff ‚Menschen mit Migrationshintergrund‘ (u.a. Bednaschewsky & Supik in Gomolla et al 2018, S.179-194) produziert und verfestigt werden, nicht bewusst. Umso logischer mir dies nun erscheint, ist mir gleichzeitig bewusst, dass diese Erkenntnis vermutlich dem Großteil der deutschen ‚Mehrheitsgesellschaft‘ fehlt.

Zusammenfassend lässt sich festhalten, dass beide Institutionen Chancenungleichheit erzeugen und somit aktiv an der Herstellung von sozialer Ungleichheit und ethnischer Differenz beteiligt sind. Auch wenn der Interventionspunkt von institutioneller Diskriminierung nicht die Individuen sind, kann ein Bewusstsein über die verbreiteten Handlungsmuster und fragwürdigen Routinen mit Blick auf die berufliche Zukunft sicherlich nicht schaden. So können zwar das Leistungsprinzip und die Selektion in der Schule, oder vorgegebene Arbeitsaufträge bei der Polizei wie die Verhinderung illegaler Einreise, nicht per se abgeschafft oder verhindert werden: Es wäre aber möglich den gegebenen Ermessensspielraum entgegen der Norm und entgegen institutioneller Logik so zu gestalten, dass äußere Merkmale, familiäre Hintergründe und Ähnliches nicht mit in die Entscheidungen einfließen. Wenn Ziele der Organisation offensichtlich über der neutralen Leistungsbewertung stehen und somit bestimmte Personengruppen diskriminieren, können Schulleitungen und Kolleg:innen darauf aufmerksam gemacht und für die gesamte Thematik sensibilisiert werden. Vielleicht ist es möglich, auf diese Art und Weise für Schüler:innen ‚mit Migrationshintergrund' zumindest wohlmeinende Übergangsempfehlungen zu niedrigeren Schulformen zu verhindern.

Literaturverzeichnis

Ackeren, I., von, Klemm, Klaus (2009). *Entstehung, Struktur und Steuerung des deutschen Schulsystems. Eine Einführung.* Wiesbaden: VS Verlag für Sozialwissenschaften.

Arndt, S., & Ofuatey-Alazard, N. (2011). *Wie Rassismus aus Wörtern spricht. (K)erben des Kolonialismus im Wissensarchiv deutsche Sprache. Ein kritisches Nachschlagewerk.* Münster: Unrast.

Autor*innenkollektiv der Berliner Kampagne Ban! (2018). Ban! Racial Profiling oder Die Lüge von der »anlass- und verdachtsunabhängigen Kontrolle«. Racial Profiling – Gefährliche Orte abschaffen. In D. Loick (Hrsg.), *Kritik der Polizei* (S.181-196). Frankfurt: Campus.

Bednaschewsky, R. & Supik, L. (2018). Vielfältig Deutsch sein. Von Deutschen of Color und Deutschen mit Migrationshintergrund in der Statistik. In M. Gomolla, E. Kollender & M. Menk (Hrsg.), *Rassismus und Rechtsextremismus in Deutschland. Figurationen und Interventionen in Gesellschaft und staatlichen Institutionen* (S. 179-194). Weinheim: Beltz Juventa.

Behr, R. (2017). Diskriminierung durch Polizeibehörden. In A. Scherr, A. El-Mafaalani & G. Yüksel (Hrsg.), *Handbuch Diskriminierung* (S. 301-320 Wiesbaden: Springer VS.

Belina, B. (2006). Raum Überwachung Kontrolle. Vom staatlichen Zugriff auf städtische Bevölkerung. Münster: Westfälisches Dampfboot.

Belina, B. (2018). Wie Polizei Raum und Gesellschaft gestaltet. In D. Loick, (Hrsg.), *Kritik der Polizei* (S. 119-133). Frankfurt: Campus.

Bezirksregierung Arnsberg (2019). *Gleichstellungsplan 2019-2024 für die öffentlichen Schulen und Zentren für schulpraktische Lehrerausbildung im Regierungsbezirk Arnsberg.* Arnsberg: Bezirksregierung Arnsberg.

Blömeke, S., Bohl, T., Haag, L., Lang-Wojtasik, G., & Sacher, W. (Hrsg.), (2009). *Handbuch Schule. Theorie-Organisation-Entwicklung.* Bad Heilbrunn: Klinkhardt.

Brinkmann, H.U. (2015). Diskriminierung, Fremdenfeindlichkeit und Rassismus. In B. Marschke & H. U. Brinkmann (Hrsg.), *„Ich habe nichts gegen Ausländer, aber…". Alltagsrassismus in Deutschland* (S. 9-41). Berlin: LIT.

Castro Varela, M .d. M. & Mecheril, P. (Hrsg.) (2016). *Die Dämonisierung der Anderen. Rassismuskritik der Gegenwart.* Bielefeld: transcript.

Dangelmaier, T., Brauer, E. (2020). Selektive Polizeiarbeit – Raumordnung und deren Einfluss auf das polizeiliche Handeln. In D. Hunold, A. Ruch (Hrsg.) *Polizeiarbeit zwischen Praxishandlung und Rechtsordnung. Empirische Polizeiforschungen zur polizeipraktischen Ausgestaltung des Rechts* . 213-233). Wiesbaden: Springer.

Derin, B., & Singelnstein, T. (2022). *Die Polizei. Helfer, Gegner, Staatsgewalt. Inspektion einer mächtigen Organisation.* Berlin: Econ.

El-Mafaalani, A. (2017). Diskriminierung von Menschen mit Migrationshintergrund. In A. Scherr, A. El-Mafaalani & G. Yüksel (Hrsg.), *Handbuch Diskriminierung* (S. 465-478). Wiesbaden: Springer VS.

El-Mafaalani, A. (2021). *Wozu Rassismus? Von der Erfindung der Menschenrassen bis zum rassismuskritischen Widerstand.* Köln: Kiepenheuer & Witsch.

Fassin, D. (2018). Die Politik des Ermessensspielraums: Der »graue Scheck« und der Polizeistaat. In D. Loick (Hrsg.), *Kritik der Polizei* (S. 135-163). Frankfurt: Campus.

Fereidooni, K. (2011). *Schule – Migration - Diskriminierung. Ursachen der Benachteiligung von Kindern mit Migrationshintergrund im deutschen Schulwesen.* Wiesbaden: VS Verlag für Sozialwissenschaften.

Fereidooni, K.& El, M. (Hrsg.) (2017). *Rassismuskritik und Widerstandsformen.* Wiesbaden: Springer VS.

Foroutan, N. (2016). Nationale Bedürfnisse und soziale Ängste. In M .d. M. Castro Varela & P. Mecheril (Hrsg.), *Die Dämonisierung der Anderen. Rassismuskritik der Gegenwart* (S. 97-107). Bielefeld: transcript.

Geier, T. (2016). Schule. In P. Mecheril (Hrsg.), *Handbuch Migrationspädagogik* (S. 433-448). Weinheim: Beltz.

Gomolla, M., & Radtke, F. O. (2009). *Institutionelle Diskriminierung. Die Herstellung ethnischer Differenz in der Schule* (3. Aufl.). Wiesbaden: VS Verlag für Sozialwissenschaften.

Gomolla, M. (2016). Diskriminierung. In P. Mecheril (Hrsg.), *Handbuch Migrationspädagogik* (S.73-89). Weinheim: Beltz.

Gomolla, M. (2017). Direkte und indirekte, institutionelle und strukturelle Diskriminierung. In A. Scherr, A. El-Mafaalani & G. Yüksel (Hrsg.), *Handbuch Diskriminierung* (S. 133-156). Wiesbaden: Springer VS.

Gomolla, M., Kollender, E. & Menk, M. (Hrsg.) (2018). *Rassismus und Rechtsextremismus in Deutschland. Figurationen und Interventionen in Gesellschaft und staatlichen Institutionen.* Weinheim: Beltz Juventa.

Hummrich, M (2017). Diskriminierung im Erziehungssystem. In A. Scherr, A. El-Mafaalani & G. Yüksel (Hrsg.), *Handbuch Diskriminierung* (S. 337-352). Wiesbaden: Springer VS.

Hunold, D., Ruch, A. (Hrsg.), (2020). *Polizeiarbeit zwischen Praxishandlung und Rechtsordnung. Empirische Polizeiforschungen zur polizeipraktischen Ausgestaltung des Rechts.* Wiesbaden: Springer.

Hunold, D., Dangelmaier, T. & Brauer, E. (2020). Soziale Ordnung und Raum – Aspekte polizeilicher Raumkonstruktion. Online veröffentlicht 02.06.2020. Wiesbaden: Springer.

Hußmann, A., Wendt, H., Bos, W., Bremerich-Vos, A., Kasper, D., Lankes, E.-M., McElvany, N., Stubbe, T. & Valtin, R. (Hrsg.) (2017). *IGLU 2016. Lesekompetenzen von Grundschul-kindern in Deutschland im internationalen Vergleich.* Münster: Waxmann.

Hußmann, A., Stubbe T. C. & Kaspar, D. (2017). Soziale Herkunft und Lesekompetenzen von Schülerinnen und Schülern. In *IGLU* 2016. *Lesekompetenzen von Grundschulkindern in Deutschland im internationalen Vergleich (S. 195-214).* Münster: Waxmann.

Kimmich, D., Lavorano, S., & Bergmann, F. (Hrsg.) (2016). *Was ist Rassismus? Kritische Texte.* Stuttgart: Reclam.

Loick, D. (Hrsg.) (2018). *Kritik der Polizei.* Frankfurt: Campus.

Marschke, B. & Brinkmann, H. U. (Hrsg.) (2015). *"Ich habe nichts gegen Ausländer, aber...". Alltagsrassismus in Deutschland.* Münster: LIT Verlag.

Mecheril, P. (Hrsg.) (2016). Handbuch Migrationspädagogik. Weinheim: Beltz.

Messerschmidt, A. (2018). Alltagsrassismus und Rechtspopulismus. In M. Gomolla, E. Kollender & M. Menk (Hrsg.), *Rassismus und Rechtsextremismus in Deutschland. Figurationen und Interventionen in Gesellschaft und staatlichen Institutionen* (S. 80-92). Weinheim: Beltz Juventa.

Mokrosch, R., Regenbogen, A. (Hrsg.). (2011): Werte-Erziehung und Schule. Ein Handbuch für Unterrichtende. Göttingen Vandenhoeck & Ruprecht.

Nipkow, K. E. (2011). Zum Verständnis von Bildung und Erziehung bei der Werte-Erziehung in der Schule. In Mokrosch, R., Regenbogen, A (Hrsg.) (2011) *Werte-Erziehung und Schule. Ein Handbuch für Unterrichtende* (S 15 -25). Göttingen: Vandenhoeck & Ruprecht.

Scherr, A., El-Mafaalani, A., & Yüksel, G. (Hrsg.) (2017). *Handbuch Diskriminierung.* Wiesbaden: Springer VS.

Sow, N. (2008). *Deutschland Schwarz Weiß. Der alltägliche Rassismus.* München: C. Bertelsmann.

Utlu, D. (2021). Migrationshintergrund. In S. Arndt & N. Ofuatey-Alazard (Hrsg.), *Wie Rassismus aus Wörtern spricht. (K)erben des Kolonialismus im Wissensarchiv deutsche Sprache. Ein kritisches Nachschlagewerk* (4. Aufl.)(S. 445-448). Münster: Unrast.

Wiater, W. (2009). Zur Definition und Abgrenzung von Aufgaben und Funktionen der Schule. In: S. Blömeke, T. Bohl, L. Haag, G. Lang-Wojtasik, W. Sacher (Hrsg.) *Handbuch Schule* (*S*. 65-72). Bad Heilbrunn: Klinkhardt.

Zeinz, H. (2009). Funktionen der Schule. In: S. Blömeke, T. Bohl, L. Haag, G. Lang-Wojtasik, W. Sacher (Hrsg.) *Handbuch Schule* (*S*. 87-93. Bad Heilbrunn: Klinkhardt.

Online-Quellen

Bündnis 90/Die Grünen Bayern (n.d.). Nein zum neuen Polizeiaufgabengesetz

Zugriff am 12.06.2022 unter: www.gruene-bayern.de/nein-zum-neuen-polizei-aufgabengesetz

Deutsche Welle (2020). Racial Profiling. Innenminister verzichtet auf Studie zu Rassismus in der Polizeiarbeit

Zugriff am 03.06.2022 unter: https://www.dw.com/de/seehofe-rassismus-polizei/a-54058578

Duden (n.d.). diskriminieren

Zugriff am 24.05.2022 unter: https://www.duden.de/rechtschreibung/diskriminieren

Schulgesetz für das Land Nordrhein-Westfalen (2022).

Zugriff am 17.05.2022 unter: https://bass.schul-welt.de/6043.htm#1-1p1

Statistisches Bundesamt (2019). Schuljahr 2018/2019: 1,4 % ausländische Lehrerinnen und Lehrer an allgemeinbildenden Schulen

Zugriff am 17.05.2022 unter: https://www.destatis.de/DE/Presse/Pressemitteilungen/2019/10/PD19_390_212.html

Welt am Sonntag (2021). Bekannt aus „Stern-TV" – Mutter der Familie Ritter aus Köthen ist tot

Zugriff am 28.04.2022 unter: https://www.welt.de/vermischtes/article225446447/Karin-Ritter-aus-Koethen-ist-tot-bekannt-wurde-sie-durch-Stern-TV.html

Welt am Sonntag (2021). Nach Debatte über „Zigeunersoße" – WDR-Sendung kassiert Shitstorm

Zugriff am 05.07.2022 unter: https://www.welt.de/vermischtes/article225410051/Die-letzte-Instanz-WDR-Sendung-kassiert-Shitstorm-Zum-Schaemen.html

Ingram Content Group UK Ltd.
Milton Keynes UK
UKHW010732070623
423023UK00004B/274